KB033826

기적의 쓰기 학습법으로 공부하는

JLPT N3
일본어 단어
쓰기 노트

박다진 지음

세나북스

외국어를 잘하려면 어떤 능력을 길러야 할까요?

언어의 4가지 기능(듣기, 말하기, 읽기, 쓰기)을 유기적으로 연계하여 자연스러운 의사소통을 하려면 상황에 맞는 적절한 단어를 사용할 수 있어야 합니다. 따라서 언어 학습에서 '단어 암기'는 가장 기본이 되는 첫 번째 요소라 할 수 있습니다. 일본어는 우리말과 어순이 같아 쉽게 접근할 수 있는 외국어이기도 하지만 한자가 대부분이기 때문에 어려움 또한 많이 느낄 수밖에 없습니다.

급수가 올라갈수록 단어 수가 증가하고 한자를 익히는 데에 적지 않은 시간이 소요되어 학습에 많은 시간을 투자해야 합니다. 완벽한 문장을 구사하고자 한다면 그만큼 다양한 단어를 알아야 표현이 자유로울 수 있습니다. 이것이 단어학습에 많은 시간을 투자해야만 하는 이유입니다.

이 책은 실생활에서 자주 사용하고 JLPT(일본어능력시험) N3에서 반드시 알아야 하는 필수 단어와 한자를 다루고 있습니다. 단어는 품사별로 구성하고 50음도 순으로 배치하였으며 출제 빈도가 높은 N3 단어 1,024개를 엄선하였습니다. 또한 단어만 학습하는 것보다 문장 속에서의 쓰임을 통해 그 의미를 파악하는 것이 단어 습득 면에서 효율성이 뛰어나고 기억에 오래 남기에 문장과 함께 익힐 수 있도록 구성하였습니다.

『소리 내어 읽고 싶은 일본어』라는 책으로 일본에서 유명한 저자 '사이토 다카시'는 『書いて心に刻む日本語』(써서 마음에 새기는 일본어)라는 책에서 쓰기의 힘에 관해 이야기합니다. 글을 쓴다는 것은 자신의 몸을 사용한다는 적극성이 단어와의 관계를 더 깊게 해주고 그 문자를 마음에 새기는 효과가 있다고 말합니다. 그리고 문자를 쓴다는 행위에는 마음을 편하게 하는 효과도 있다고 합니다.

이 책은 반드시 알아야 하는 일본어의 기본 필수 단어와 관련 문장을 직접 써 보고 익힐 수 있도록 구성하였습니다. 이 방법은 머리와 함께 손이 기억하는 '기적의 쓰기 학습법'이라고 확신합니다. 오래 머리에 남아 학습 효과도 좋지만 공부하는 과정을 충분히 즐기고 색다른 성취감을 얻을 수 있습니다. 이 책을 다 공부하고 나면 기본 일본어 단어 실력이 월등히 좋아졌음을 몸으로 느끼실 수 있을 겁니다. JLPT N3 단어 준비와 동시에 중급으로 가는 단어와 한자 실력을 제대로 갖출 수 있게 됩니다.

매일 20개의 단어와 문장을 36일 동안의 학습으로 엮은 이 한 권의 책이 여러분의 일본어 공부에 도움이 되는 작은 디딤돌이 되기를 진심으로 기원합니다.

저자 박다진

목차

Part 1. 훈독 명사

Part 2. 음독 명사

Part 3. 형용사

Part 4. 동사

Part 5. 부사 · 접속사

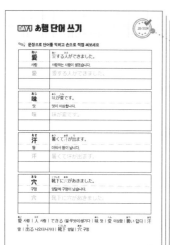

총 36일차의 일자별 구성으로 매일 공부!

DAY1을 끝내면
총 **1024**개 단어 중
20개 클리어!

써보면서 단어와 읽는 법을 익히도록 구성
문장과 함께 외우면 더 효율적!

あね **姉**	わたし あね きょうし 私の姉は教師です。
언니	나의 언니는 교사입니다.
姉	私の姉は教師です。

따라 쓰기 칸과 직접 써보기 칸이 한 줄씩 있어요!

✏️ 본문 문장에 나오는 단어 총정리

いけ
池 연못 | さかな
魚 물고기 |

풀리다 | かれ
彼 그 | こ ども
子供

모든 한자에 루비가 있어서 공부하기 편해요!

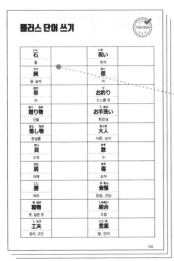

✏️ 플러스 단어 324개도 추가로 학습!

いし **石** 돌	
うで **腕** 팔, 솜씨	

플러스 단어도 쓰면서 외우세요!

매일매일 쓰다 보면
1024 단어 공부 완료!

Part 1.

훈독 명사

DAY1 あ행 단어 쓰기

✏️ **문장으로 단어를 익히고 손으로 직접 써보세요**

あい **愛** 사랑	あい ひと 愛する人ができました。
	사랑하는 사람이 생겼습니다.
愛	愛する人ができました。

あじ **味** 맛	あじ へん 味が変です。
	맛이 이상합니다.
味	味が変です。

あせ **汗** 땀	あつ あせ で 暑くて汗が出ます。
	더워서 땀이 납니다.
汗	暑くて汗が出ます。

あな **穴** 구멍	くつした あな 靴下に穴があきました。
	양말에 구멍이 났습니다.
穴	靴下に穴があきました。

あい **愛** 사랑 | ひと **人** 사람 | **できる** (일·무엇이)생기다 | あじ **味** 맛 | へん **変** 이상함 | あつ **暑い** 덥다 | あせ **汗** 땀 | で **出る** 나오다/나가다 | くつした **靴下** 양말 | あな **穴** 구멍

9

あ행 단어 쓰기

✏️ 문장으로 단어를 익히고 손으로 직접 써보세요

<ruby>姉<rt>あね</rt></ruby>	<ruby>私<rt>わたし</rt></ruby>の<ruby>姉<rt>あね</rt></ruby>は<ruby>教師<rt>きょうし</rt></ruby>です。
언니	나의 언니는 교사입니다.
姉	私の姉は教師です。

<ruby>泡<rt>あわ</rt></ruby>	この<ruby>石鹸<rt>せっけん</rt></ruby>は<ruby>泡<rt>あわ</rt></ruby>がたくさん<ruby>出<rt>で</rt></ruby>ます。
거품	이 비누는 거품이 많이 납니다.
泡	この石鹸は泡がたくさん出ます。

<ruby>合図<rt>あいず</rt></ruby>	<ruby>助<rt>たす</rt></ruby>けてくれと<ruby>合図<rt>あいず</rt></ruby>を<ruby>送<rt>おく</rt></ruby>りました。
신호	구해달라고 신호를 보냈습니다.
合図	助けてくれと合図を送りました。

<ruby>相手<rt>あいて</rt></ruby>	たやすい<ruby>相手<rt>あいて</rt></ruby>ではない。
상대	쉬운 상대는 아니다.
相手	たやすい相手ではない。

<ruby>姉<rt>あね</rt></ruby> 언니 | <ruby>教師<rt>きょうし</rt></ruby> 교사 | この 이 | <ruby>石鹸<rt>せっけん</rt></ruby> 비누 | <ruby>泡<rt>あわ</rt></ruby> 거품 | たくさん 많음 | <ruby>助<rt>たす</rt></ruby>ける 구조하다/살리다 | <ruby>合図<rt>あいず</rt></ruby> 신호 | <ruby>送<rt>おく</rt></ruby>る 보내다 | たやすい 쉽다/용이하다 | <ruby>相手<rt>あいて</rt></ruby> 상대

あ행 단어 쓰기

✎ 문장으로 단어를 익히고 손으로 직접 써보세요

いけ **池** 연못	<ruby>池<rt>いけ</rt></ruby>には<ruby>魚<rt>さかな</rt></ruby>がたくさんいます。
	연못에는 물고기가 많이 있습니다.
池	池には魚がたくさんいます。

いずみ **泉** 샘, 샘물	<ruby>泉<rt>いずみ</rt></ruby>が<ruby>乾<rt>かわ</rt></ruby>きました。
	샘이 말랐습니다.
泉	泉が乾きました。

いと **糸** 실, 줄	<ruby>糸<rt>いと</rt></ruby>が<ruby>解<rt>ほど</rt></ruby>けました。
	실이 풀렸습니다.
糸	糸が解けました。

いのち **命** 목숨, 생명	<ruby>彼<rt>かれ</rt></ruby>は<ruby>子供<rt>こども</rt></ruby>の<ruby>命<rt>いのち</rt></ruby>を<ruby>救<rt>すく</rt></ruby>いました。
	그는 어린아이의 목숨을 구했습니다.
命	彼は子供の命を救いました。

池 연못 | 魚 물고기 | たくさん 많음 | 泉 샘/샘물 | 乾く 마르다 | 糸 실/줄 | 解ける 풀리다 | 彼 그 | 子供 아이 | 命 목숨/생명 | 救う 구하다/살리다

あ행 단어 쓰기

✎ 문장으로 단어를 익히고 손으로 직접 써보세요

いろ **色**	いろ　　　　あおいろ この色は青色ですか。
색	이 색은 파란색입니까?
色	この色は青色ですか。

いわ **岩**	いわ　うえ　はな　　さ 岩の上に花が咲きました。
바위	바위 위에 꽃이 피었습니다.
岩	岩の上に花が咲きました。

いち ば **市場**	うえの　いち ば 上野市場はどこですか。
시장	우에노 시장은 어디입니까?
市場	上野市場はどこですか。

うそ **嘘**	かのじょ　　うそ 彼女は嘘をつきました。
거짓말	그녀는 거짓말을 했습니다.
嘘	彼女は嘘をつきました。

いろ 色 색 | あおいろ 青色 파란색 | いわ 岩 바위 | うえ 上 위 | はな 花 꽃 | さ 咲く (꽃이) 피다 | いち ば 市場 시장 | どこ
어디 | かのじょ 彼女 그녀 | うそ 嘘をつく 거짓말을 하다

12

あ행 단어 쓰기

✎ 문장으로 단어를 익히고 손으로 직접 써보세요

受付 うけつけ	**受付**はこちらでしてください。 うけつけ
접수	접수는 이쪽에서 해주세요.
受付	受付はこちらでしてください。

売り場 う ば	**家具売り場**はどこですか。 か ぐ う ば
매장	가구매장은 어디입니까?
売り場	家具売り場はどこですか。

絵 え	**素敵な絵**です。 す てき え
그림	멋진 그림입니다.
絵	素敵な絵です。

思い出 おも で	**この公園は思い出の多い**ところです。 こうえん おも で おお
추억	이 공원은 추억이 많은 곳입니다.
思い出	この公園は思い出の多いところです。

受付 접수 | こちら 이쪽 | 家具 가구 | 売り場 매장 | どこ 어디 | 素敵 매우 멋짐/아
우けつけ   か ぐ   う ば   す てき
주 근사함 | 絵 그림 | この 이 | 公園 공원 | 思い出 추억 | 多い 많다 | ところ 곳
         え   こうえん   おも で   おお

✎ 문장으로 단어를 익히고 손으로 직접 써보세요

かお**香り**	どこかで花の香りがした。
향기	어디선가 꽃향기가 났다.
香り	どこかで花の香りがした。

かがみ**鏡**	鏡を見ながら化粧をした。
거울	거울을 보면서 화장을 했다.
鏡	鏡を見ながら化粧をした。

かぎ**鍵**	事務所の鍵をなくしてしまった。
열쇠	사무실 열쇠를 잃어버리고 말았다.
鍵	事務所の鍵をなくしてしまった。

かさ**傘**	雨が降っていますので傘を準備してください。
우산	비가 오니까 우산을 준비하세요.
傘	雨が降っていますので傘を準備してください。

どこか 어딘가 | 花 꽃 | 香り 향기 | 鏡 거울 | 見る 보다 | 化粧 화장 | 事務所
사무실 | 鍵 열쇠 | なくしてしまう 잃어버리다 | 雨 비 | 降る (눈/비 등이)내리다 |
傘 우산 | 準備 준비

14

か행 단어 쓰기

✏️ 문장으로 단어를 익히고 손으로 직접 써보세요

かべ **壁**	こども かべ え えが 子供は壁に絵を描いた。
벽	아이는 벽에 그림을 그렸다.
壁	子供は壁に絵を描いた。

か ぜ **風邪**	か ぜ ねつ で 風邪をひいて熱が出ます。
감기	감기에 걸려서 열이 납니다.
風邪	風邪をひいて熱が出ます。

きって **切手**	はは きって あつ 母は切手を集めています。
우표	엄마는 우표를 모으고 있습니다.
切手	母は切手を集めています。

きっぷ **切符**	あした きっぷ か 明日は切符を買えますか。
표, 티켓	내일은 표를 살 수 있습니까?
切符	明日は切符を買えますか。

こども　えが
子供 아이 | 壁 벽 | 絵 그림 | 描く 그리다 | 風邪をひく 감기에 걸리다 | 熱 열 | 母
엄마 | 切手 우표 | 集める 모으다 | 明日 내일 | 切符 표/티켓 | 買える 살 수 있다

15

か행 단어 쓰기

✎ 문장으로 단어를 익히고 손으로 직접 써보세요

草 _{くさ}	ウサギは草を食べます。
풀	토끼는 풀을 먹습니다.
草	ウサギは草を食べます。

薬 _{くすり}	苦い薬は飲みたくない。
약	쓴 약은 먹기 싫다.
薬	苦い薬は飲みたくない。

靴 _{くつ}	父の靴を磨いておきました。
구두, 신발	아빠의 구두를 닦아 두었습니다.
靴	父の靴を磨いておきました。

首 _{くび}	首にほくろができた。
목, 머리	목에 점이 생겼다.
首	首にほくろができた。

ウサギ 토끼 | 草 풀 | 食べる 먹다 | 苦い 쓰다 | 薬 약 | 飲む (약을 먹다)마시다 | 父
아빠 | 靴 구두/신발 | 磨く 닦다 | ~しておく ~해 두다 | 首 목/머리 | ほくろ 점/사마귀

16

か행 단어 쓰기

✏️ **문장으로 단어를 익히고 손으로 직접 써보세요**

くも **雲** 구름	ひこうき くも うえ と 飛行機が雲の上を飛んでいます。 비행기가 구름 위를 날고 있습니다.
雲	飛行機が雲の上を飛んでいます。

ぐ あい **具合** 형편, 상태	きょう からだ ぐ あい 今日は体の具合がよくないです。 오늘은 몸 상태가 좋지 않습니다.
具合	今日は体の具合がよくないです。

け **毛** 털	いぬ け ぬ うちの犬は毛がよく抜けます。 우리 집 개는 털이 자주 빠집니다.
毛	うちの犬は毛がよく抜けます。

け しき **景色** 경치, 풍경	やま け しき うつく この山は景色が美しいです。 이 산은 경치가 아름답습니다.
景色	この山は景色が美しいです。

ひ こう き   くも   うえ   と   きょう   からだ   ぐ あい
飛行機 비행기 | 雲 구름 | 上 위 | 飛ぶ (하늘을)날다 | 今日 오늘 | 体 몸 | 具合

いぬ   け
형편/상태 | うち 우리집 | 犬 개 | 毛 털 | よく 잘/자주 | 抜ける 빠지다 | この 이 |

やま   け しき   うつく
山 산 | 景色 경치/풍경 | 美しい 아름답다

か행 단어 쓰기

✎ 문장으로 단어를 익히고 손으로 직접 써보세요

げんば **現場** 현장	じ こ げんば で 事故現場から出てください。 사고 현장에서 나가주세요.
現場	事故現場から出てください。

こえ **声** 목소리	かのじょ こえ 彼女は声がきれいです。 그녀는 목소리가 예쁩니다.
声	彼女は声がきれいです。

こころ **心** 마음	かれ こころ あたた ひと 彼は心が暖かい人です。 그는 마음이 따뜻한 사람입니다.
心	彼は心が暖かい人です。

こめ **米** 쌀	こめ せいさん ぞう か 米の生産が増加しています。 쌀 생산이 증가하고 있습니다.
米	米の生産が増加しています。

じ こ　　　　　　げん ば　　　　　　　で　　　　　　　　　かのじょ　　　　こえ
事故 사고 | 現場 현장 | 出る 나가다/나오다 | 彼女 그녀 | 声 목소리 | きれいだ 예쁘
かれ　　こころ　　　　　あたた　　　　　　　ひと　　　こめ　　せいさん　　　　ぞう か
다/깨끗하다 | 彼 그 | 心 마음 | 暖かい 따뜻하다 | 人 사람 | 米 쌀 | 生産 생산 | 増加

증가

✏️ **문장으로 단어를 익히고 손으로 직접 써보세요**

さつ **札** 지폐 **札**	さいふ いちまんえんさつ 財布に一万円札しかない。 지갑에 만 엔짜리 지폐밖에 없다. 財布に一万円札しかない。

さら **皿** 접시 **皿**	はは さら あら 母がお皿を洗いました。 엄마가 접시를 닦았습니다.(설거지를 했습니다) 母がお皿を洗いました。

しお **塩** 소금 **塩**	しお い 塩はたくさん入れないでください。 소금은 많이 넣지 마세요. 塩はたくさん入れないでください。

しま **島** 섬 **島**	うつく しま い 美しい島に行きたいです。 아름다운 섬에 가고 싶습니다. 美しい島に行きたいです。

さいふ 財布 지갑 ｜ いちまんえん 一万円 일만엔 ｜ さつ 札 지폐 ｜ はは 母 엄마 ｜ さら 皿 접시 ｜ あら 洗う 씻다/빨다/세탁하다 ｜
しお 塩 소금 ｜ たくさん 많음 ｜ い 入れる 넣다 ｜ うつく 美しい 아름답다 ｜ しま 島 섬 ｜ い 行く 가다

19

さ행 단어 쓰기

✏️ 문장으로 단어를 익히고 손으로 직접 써보세요

し 染み 얼룩	ふく し つ 服に染みが付きました。 옷에 얼룩이 묻었습니다.
染み	服に染みが付きました。

し あい 試合 시합	あした し あい 明日はサッカーの試合があります。 내일은 축구 시합이 있습니다.
試合	明日はサッカーの試合があります。

し かた 仕方 하는 방법, 수단	し はら し かた か ここに支払いの仕方が書かれてある。 여기에 지불 방법이 적혀 있다.
仕方	ここに支払いの仕方が書かれてある。

した ぎ 下着 속옷, 내복	あせ した ぎ ぬ 汗で下着が濡れました。 땀으로 속옷이 젖었습니다.
下着	汗で下着が濡れました。

ふく し つ あした し あい
服 옷 | 染み 얼룩 | 付く 묻다 | 明日 내일 | サッカー 축구 | 試合 시합 | ここ
し はら し かた か あせ した ぎ
여기/이곳 | 支払い 지불 | 仕方 하는 방법/수단 | 書かれる 적히다 | 汗 땀 | 下着 속옷/
ぬ
내복 | 濡れる 젖다

20

さ행 단어 쓰기

✎ 문장으로 단어를 익히고 손으로 직접 써보세요

したく **支度**	がいしゅつ　したく 外出の支度をしています。
준비	외출 준비를 하고 있습니다.
支度	外出の支度をしています。

しなもの **品物**	みせ　じつようてき　しなもの　おお この店は実用的な品物が多いです。
물건, 물품	이 가게는 실용적인 물건이 많습니다.
品物	この店は実用的な品物が多いです。

しばい **芝居**	どようび　しばい　み　い 土曜日は芝居を見に行きます。
연극	토요일은 연극을 보러 갑니다.
芝居	土曜日は芝居を見に行きます。

しばふ **芝生**	しばふ　はい 芝生に入らないでください。
잔디밭	잔디밭에 들어가지 마세요.
芝生	芝生に入らないでください。

がいしゅつ　　　　　　　したく　　　　　　　　　　　　　　みせ　　　　　じつようてき　　　　　　　しなもの　　　　　　おお
外出 외출 | **支度** 준비 | **この** 이 | **店** 가게 | **実用的** 실용적 | **品物** 물건/물품 | **多い**
　　　どようび　　　　　　　しばい　　　　　　み　　　　　　　い　　　　　　　　しばふ　　　　　　　はい
많다 | **土曜日** 토요일 | **芝居** 연극 | **見る** 보다 | **行く** 가다 | **芝生** 잔디밭 | **入る** 들어

가다

21

さ행 단어 쓰기

✏️ 문장으로 단어를 익히고 손으로 직접 써보세요

し き 締め切り	し き きんよう び 締め切りは金曜日までです。
마감	마감은 금요일까지입니다.
締め切り	締め切りは金曜日までです。

しょく ば 職場	しょく ば うしな な 職場を失って泣きました。
직장	직장을 잃게 되어 울었습니다.
職場	職場を失って泣きました。

しろうと 素人	しろうと さくひん 素人の作品ですがすてきです。
아마추어	아마추어의 작품이지만 멋집니다.
素人	素人の作品ですがすてきです。

すな 砂	くつ すな はい 靴に砂が入りました。
모래	신발에 모래가 들어갔습니다.
砂	靴に砂が入りました。

し き　　　　　　　　きんよう び　　　　　　　　　　　　しょく ば　　　　　うしな　　　　　な
締め切り 마감 | 金曜日 금요일 | まで ~까지 | 職場 직장 | 失う 잃다 | 泣く 울다
しろうと　　　　　　　さくひん　　　　　　　　　　　　　　　　　　　　　　　くつ　　　　　　すな
素人 아마추어 | 作品 작품 | すてき 썩 뛰어남/매우 근사함/아주 멋짐 | 靴 신발 | 砂 모래
はい
| 入る 들어가다

さ행 단어 쓰기

✏️ 문장으로 단어를 익히고 손으로 직접 써보세요

ずつう **頭痛** 두통	**ずつう くすり の ね** 頭痛で薬を飲んで寝ました。 두통으로 약을 먹고 잤습니다.
頭痛	頭痛で薬を飲んで寝ました。

せなか **背中** 등	**おとうと せなか きず** 弟は背中に傷があります。 남동생은 등에 상처가 있습니다.
背中	弟は背中に傷があります。

せわ **世話** 도와줌, 보살핌	**びょうき いもうと せわ** 病気の妹の世話をしました。 아픈 여동생을 보살폈습니다.
世話	病気の妹の世話をしました。

そで **袖** 소매	**ふく そで の** この服は袖が伸びました。 이 옷은 소매가 늘어났습니다.
袖	この服は袖が伸びました。

ずつう 頭痛 두통 | **くすり** 薬 약 | **の** 飲む (약을 먹다)마시다 | **ね** 寝る 자다 | **おとうと** 弟 남동생 | **せなか** 背中 등 | **きず** 傷 상처 | **びょうき** 病気 병/앓음 | **いもうと** 妹 여동생 | **せわ** 世話 도와줌/보살핌 | **この** 이 | 服 옷 | **そで** 袖 소매 | **の** 伸びる 늘어나다

23

DAY 4 た행 단어 쓰기

문장으로 단어를 익히고 손으로 직접 써보세요

たたみ **畳**	この旅館_{りょかん}は畳_{たたみ}の部屋_{へや}があります。
다다미	이 여관은 다다미 방이 있습니다.
畳	この旅館は畳の部屋があります。

たな **棚**	棚_{たな}の上_{うえ}に器_{うつわ}があります。
선반	선반 위에 그릇이 있습니다.
棚	棚の上に器があります。

たに **谷**	深_{ふか}い谷_{たに}に泉_{いずみ}があります。
골짜기	깊은 골짜기에 샘물이 있습니다.
谷	深い谷に泉があります。

たね **種**	畑_{はたけ}に種_{たね}をまきました。
씨	밭에 씨를 뿌렸습니다.
種	畑に種をまきました。

この 이 | 旅館_{りょかん} 여관 | 畳_{たたみ} 다다미 | 部屋_{へや} 방 | 棚_{たな} 선반 | 上_{うえ} 위 | 器_{うつわ} 그릇 | 深_{ふか}い 깊다
| 谷_{たに} 골짜기 | 泉_{いずみ} 샘/샘물 | 畑_{はたけ} 밭 | 種_{たね}をまく 씨를 뿌리다

24

た행 단어 쓰기

✏️ **문장으로 단어를 익히고 손으로 직접 써보세요**

旅 たび	たび で 旅に出たい。
여행	여행을 떠나고 싶다.
旅	旅に出たい。

便り たよ	かれ あいか たよ 彼からは相変わらず便りがない。
알림, 편지, 소식	그는 여전히 소식이 없다.
便り	彼からは相変わらず便りがない。

台所 だいどころ	かあ だいどころ りょうり つく お母さんが台所で料理を作ります。
부엌	엄마가 부엌에서 요리를 만듭니다.
台所	お母さんが台所で料理を作ります。

立場 たち ば	ふたり たち ば ちが 二人の立場は違います。
입장	두 사람의 입장은 다릅니다.
立場	二人の立場は違います。

たび　で　　　　　　　　　　かれ　　あいか　　　　　　　　たよ
旅 여행 ｜ 出る (딴 곳으로)떠나다 ｜ 彼 그 ｜ 相変わらず 여전히/변함없이 ｜ 便り 알림/
かあ　　　　　　　だいどころ　　　　りょうり　　　　つく　　　　　ふたり
편지/소식 ｜ お母さん 엄마 ｜ 台所 부엌 ｜ 料理 요리 ｜ 作る 만들다 ｜ 二人 두 사람 ｜
たち ば　　　　　ちが
立場 입장 ｜ 違う 다르다

た행 단어 쓰기

✏️ 문장으로 단어를 익히고 손으로 직접 써보세요

たてもの **建物** 건물	とお ふる たてもの おお この通りは古い建物が多いです。
	이 길에는 낡은 건물이 많습니다.
建物	この通りは古い建物が多いです。

ち **血** 피	き きず ち なが 切り傷から血が流れました。
	베인 상처에 피가 흘렀습니다.
血	切り傷から血が流れました。

つみ **罪** 죄, 벌	つみ にく ひと にく 罪を憎んでも人を憎むな。
	죄를 미워해도 사람을 미워하지 마라.
罪	罪を憎んでも人を憎むな。

つめ **爪** 손톱, 발톱	おとうと つめ くせ 弟は爪をかむ癖があります。
	남동생은 손톱을 깨무는 버릇이 있습니다.
爪	弟は爪をかむ癖があります。

この 이 | 通り 길 | 古い 낡다 | 建物 건물 | 多い 많다 | 切り傷 베인 상처 | 血 피 | 流れる 흐르다/흘러내리다 | 罪 죄/벌 | 憎む 미워하다 | 人 사람 | 弟 남동생 | 爪 손톱/발톱 | かむ (깨)물다 | 癖 버릇/습관

た행 단어 쓰기

✏️ **문장으로 단어를 익히고 손으로 직접 써보세요**

梅雨 (つゆ) 장마	梅雨は来週からです。 (つゆ)　(らいしゅう) 장마는 다음 주부터입니다.
梅雨	梅雨は来週からです。

寺 (てら) 절	あのお寺は古いです。 (てら)　(ふる) 저 절은 오래되었습니다.
寺	あのお寺は古いです。

出入り (で い) 출입	図書館の裏門は出入りが禁止されました。 (としょかん)　(うらもん)　(で い)　(きんし) 도서관의 후문은 출입이 금지되었습니다.
出入り	図書館の裏門は出入りが禁止されました。

手入れ (て い) 손질, 손봄, 단속	外出するために髪の手入れをしました。 (がいしゅつ)　(かみ)　(て い) 외출하기 위해 머리 손질을 했습니다.
手入れ	外出するために髪の手入れをしました。

梅雨(つゆ) 장마 | 来週(らいしゅう) 다음 주 | ~から ~부터/~에서 | あの 저 | 寺(てら) 절 | 古い(ふる) 오래되다 | 図書館(としょかん) 도서관 | 裏門(うらもん) 후문 | 出入り(で い) 출입 | 禁止(きんし) 금지 | 外出(がいしゅつ) 외출 | ~ために ~위해/~때문에 | 髪(かみ) 머리/머리털 | 手入れ(て い) 손질/손봄/단속

た행 단어 쓰기

✎ 문장으로 단어를 익히고 손으로 직접 써보세요

手帳 (て ちょう)	手帳を買いました。
수첩	수첩을 샀습니다.
手帳	手帳を買いました。

手続き (て つづ)	この病院は入院手続きが複雑です。
절차, 수속	이 병원은 입원 수속이 복잡합니다.
手続き	この病院は入院手続きが複雑です。

隣 (となり)	「となりのトトロ」を見ました。
이웃, 옆, 곁, 이웃집	「이웃집 토토로」를 보았습니다.
隣	「となりのトトロ」を見ました。

鳥 (とり)	鳥が空を飛んでいる。
새, 닭	새가 하늘을 날고 있다.
鳥	鳥が空を飛んでいる。

手帳 (て ちょう) 수첩 | 買う (か) 사다 | この 이 | 病院 (びょういん) 병원 | 入院 (にゅういん) 입원 | 手続き (て つづ) 절차/수속 |
複雑 (ふくざつ) 복잡 | 隣 (となり) 이웃/옆/곁/이웃집 | 見る (み) 보다 | 鳥 (とり) 새/닭 | 空 (そら) 하늘 | 飛ぶ (と) 날다

✎ 문장으로 단어를 익히고 손으로 직접 써보세요

なみ **波**	波が荒くて水遊びはできない。
파도, 물결	파도가 거칠어서 물놀이는 할 수 없다.
波	波が荒くて水遊びはできない。

なみだ **涙**	悲しい映画を見て涙があふれた。
눈물	슬픈 영화를 보고 눈물이 쏟아졌다.
涙	悲しい映画を見て涙があふれた。

なかま **仲間**	仲間に代わって出張することになった。
동료	동료를 대신해서 출장을 가게 되었다.
仲間	仲間に代わって出張することになった。

な まえ **名前**	名前を呼んでください。
이름	이름을 불러 주세요.
名前	名前を呼んでください。

なみ 波 파도/물결 | あら 荒い 거칠다 | みずあそ 水遊び 물놀이 | かな 悲しい 슬프다 | えいが 映画 영화 | なみだ 涙 눈물 |
あふれる 쏟아지다 | なかま 仲間 동료 | か 代わる 대신하다 | しゅっちょう 出張 출장 | なまえ 名前 이름 | よ 呼ぶ
부르다

な행~は행 단어 쓰기

✏️ 문장으로 단어를 익히고 손으로 직접 써보세요

な ふだ **名札** 명찰, 이름표	**ふく な ふだ** 服に名札をつけてください。 옷에 명찰을 붙여 주세요.
名札	服に名札をつけてください。

にお **匂い** 냄새, 향기	**はな にお** この花はいい匂いがする。 이 꽃은 좋은 향기가 난다.
匂い	この花はいい匂いがする。

に もつ **荷物** 짐, 화물	**に もつ おも** この荷物は重いです。 이 짐은 무겁습니다.
荷物	この荷物は重いです。

ねこ **猫** 고양이	**ねこ さかな た** 猫が魚を食べています。 고양이가 생선을 먹고 있습니다.
猫	猫が魚を食べています。

ふく   な ふだ   はな   にお
服 옷 | 名札 명찰/이름표 | つける 붙이다 | この 이 | 花 꽃 | いい 좋다 | 匂い 냄새
        に もつ   おも   ねこ   さかな   た
향기 | 荷物 짐/화물 | 重い 무겁다 | 猫 고양이 | 魚 생선 | 食べる 먹다

30

な행~は행 단어 쓰기

✎ 문장으로 단어를 익히고 손으로 직접 써보세요

ねつ **熱** 열	かぜ ひ ねつ で きんにくつう 風邪を引いて熱が出て、筋肉痛がある。 감기에 걸려서 열이 나고 근육통이 있다.
熱	風邪を引いて熱が出て、筋肉痛がある。

のど **喉** 목	のど いた せきをたくさんして喉が痛い。 기침을 많이 해서 목이 아프다.
喉	せきをたくさんして喉が痛い。

は **歯** 이	は いた はいしゃ い 歯が痛くて歯医者に行きました。 이가 아파서 치과에 갔습니다.
歯	歯が痛くて歯医者に行きました。

はこ **箱** 상자	はこ なか いろえんぴつ はい 箱の中に色鉛筆が入っていました。 상자 안에 색연필이 들어 있었습니다.
箱	箱の中に色鉛筆が入っていました。

かぜ ひ
風邪を引く 감기에 걸리다 | ねつ で **熱が出る** 열나다 | きんにくつう **筋肉痛** 근육통 | **せき** 기침 | **たくさ**
ん 많음 | のど **喉** 목 | いた **痛い** 아프다 | は **歯** 이 | はいしゃ **歯医者** 치과의사 | い **行く** 가다 | はこ **箱** 상자 | なか **中**
안/속 | いろえんぴつ **色鉛筆** 색연필 | はい **入る** 들다

な행~は행 단어 쓰기

✏️ 문장으로 단어를 익히고 손으로 직접 써보세요

はたけ 畑	のうぎょう はたけ なえ う 農業のために畑に苗を植えた。
밭	농사를 짓기 위해 밭에 모를 심었다.
畑	農業のために畑に苗を植えた。

はら 腹	しょくちゅうどく しょうじょう はら いた 食中毒の症状でお腹が痛かった。
배	식중독 증상으로 배가 아팠다.
腹	食中毒の症状でお腹が痛かった。

はなたば 花束	きょねん たんじょうび はなたば 去年の誕生日に花束をプレゼントでもらいました。
꽃다발	작년 생일에 꽃다발을 선물로 받았습니다.
花束	去年の誕生日に花束をプレゼントでもらいました。

ひも 紐	うんどうぐつ ひも ほど 運動靴の紐が解けました。
끈	운동화 끈이 풀렸습니다.
紐	運動靴の紐が解けました。

のうぎょう
農業 농사 | ~のために ~을 위해서 | 畑 밭 | 植える 심다 | 食中毒 식중독 | 症状
はたけ う しょくちゅうどく しょうじょう
증상 | 腹 배 | 痛い 아프다 | 去年 작년 | 誕生日 생일 | 花束 꽃다발 | プレゼント
はら いた きょねん たんじょうび はなたば
선물 | もらう (선물 따위를) 받다/얻다 | 運動靴 운동화 | 紐 끈 | 解ける (저절로) 풀어지다
うんどうぐつ ひも ほど

32

な행~は행 단어 쓰기

✎ 문장으로 단어를 익히고 손으로 직접 써보세요

ふくろ 袋	くだもの　ふくろ　　い 果物は袋に入れてください。
주머니, 봉지	과일은 봉지에 담아주세요.
袋	果物は袋に入れてください。

ふね 船	ふね　　あした　しゅっこう この船は明日出航します。
배	이 배는 내일 출항합니다.
船	この船は明日出航します。

ほし 星	ほし　かがや　よる 星が輝く夜です。
별	별이 빛나는 밤입니다.
星	星が輝く夜です。

ほね 骨	あしくび　ほね　お　　にゅういん 足首の骨が折れて入院しました。
뼈	발목뼈가 부러져서 입원했습니다.
骨	足首の骨が折れて入院しました。

くだもの　　　　　　　　　ふくろ
果物 과일 | 袋 주머니/봉지 | 入れる 넣다 | この 이 | 船 배 | 明日 내일 | 出航 출항 |
ほし　　　かがや　　　　　　　　　　　　　　よる　　　　あしくび　　　　　　ほね　　　お　　　　　　　　　にゅういん
星 별 | 輝く 빛나다/반짝이다 | 夜 밤 | 足首 발목 | 骨 뼈 | 折れる 부러지다 | 入院

입원

33

✎ 문장으로 단어를 익히고 손으로 직접 써보세요

まご **孫** 손자	おばあさんは毎日孫と遊んでくれる。
	할머니는 매일 손자와 놀아주신다.
孫	おばあさんは毎日孫と遊んでくれる。

まつり **祭** 축제, 제사	おおさか あした まつり 大阪は明日から祭をする。
	오사카는 내일부터 축제를 한다.
祭	大阪は明日から祭をする。

まど **窓** 창문	はげ かぜ まど ゆ 激しい風で窓が揺れました。
	거센 바람으로 창문이 흔들렸습니다.
窓	激しい風で窓が揺れました。

まわ **周り** 둘레, 주위, 주변	かのじょ まわ み まわ 彼女は周りを見回しました。
	그녀는 주위를 둘러보았습니다.
周り	彼女は周りを見回しました。

おばあさん 할머니 | まいにち 毎日 매일 | まご 孫 손자 | あそ 遊ぶ 놀다 | おおさか 大阪 (지명)오사카 | あした 明日
내일 | まつり 祭 축제/제사 | はげ 激しい 세차다 | かぜ 風 바람 | まど 窓 창문 | ゆ 揺れる 흔들리다 | かのじょ 彼女
그녀 | まわ 周り 둘레/주위/주변 | みまわ 見回す 둘러보다

34

ま행~わ행 단어 쓰기

✏️ 문장으로 단어를 익히고 손으로 직접 써보세요

まなか 真ん中	へや まなか お 部屋の真ん中にテーブルを置きました。
중앙, 한가운데	방 한가운데 테이블을 놓았습니다.
真ん中	部屋の真ん中にテーブルを置きました。

みぶん 身分	みぶん さしょう はんざい お 身分を詐称する犯罪が起こった。
신분	신분을 사칭하는 범죄가 일어났다.
身分	身分を詐称する犯罪が起こった。

みほん 見本	しょうひん みほん むりょう お 商品の見本は無料でお送りします。
견본	상품의 견본은 무료로 보내드립니다.
見本	商品の見本は無料でお送りします。

むね 胸	むね いた 胸が痛くてたまらない。
가슴	가슴이 아파서 견딜 수가 없다.
胸	胸が痛くてたまらない。

へや　　　　　　　まなか
部屋 방 | 真ん中 중앙/한가운데 | テーブル 테이블 | 置く 놓다/두다 | 身分 신분 |
さしょう　　　はんざい　　　お　　　　　　　　　　　しょうひん　　　　みほん　　　　むりょう
詐称 사칭 | 犯罪 범죄 | 起こる 일어나다/발생하다 | 商品 상품 | 見本 견본 | 無料
おく　　　　　　　　　　　　　　　　　むね　　　　いた
무료 | 送る (물건 따위를) 부치다 | 胸 가슴 | 痛い 아프다 | たまらない 참을 수 없다

35

ま행~わ행 단어 쓰기

✏️ 문장으로 단어를 익히고 손으로 직접 써보세요

むすこ **息子**	むすこ ことし しょうがっこう にゅうがく 息子は今年小学校に入学します。
아들	아들은 올해 초등학교에 입학합니다.
息子	息子は今年小学校に入学します。

やくわり **役割**	かれ かいしゃ じゅうよう やくわり 彼は会社で重要な役割をしています。
역할	그는 회사에서 중요한 역할을 하고 있습니다.
役割	彼は会社で重要な役割をしています。

ゆか **床**	ゆか すわ うた うた おじいさんは床に座って歌を歌っています。
마루	할아버지는 마루에 앉아 노래를 부르고 계신다.
床	おじいさんは床に座って歌を歌っています。

ゆび **指**	くすりゆび かんかく 薬指にまったく感覚がない。
손가락, 발가락	약손가락에 전혀 감각이 없다.
指	薬指にまったく感覚がない。

むすこ ことし しょうがっこう にゅうがく かれ かいしゃ じゅうよう
息子 아들 | 今年 올해 | 小学校 초등학교 | 入学 입학 | 彼 그 | 会社 회사 | 重要
やくわり ゆか すわ うた うた
중요 | 役割 역할 | おじいさん 할아버지 | 床 마루 | 座る 앉다 | 歌 노래 | 歌う (노래
ゆび くすりゆび かんかく
를) 부르다 | 指 손가락/발가락 | 薬指 약손가락 | 感覚 감각

36

ま행~わ행 단어 쓰기

✎ 문장으로 단어를 익히고 손으로 직접 써보세요

ゆめ **夢** 꿈	**わたし** **ゆめ** **いしゃ** 私の夢は医者になることです。 저의 꿈은 의사가 되는 것입니다.
夢	私の夢は医者になることです。

や ちん **家賃** 집세	**たか** **や ちん** **まいつき** **せいかつ** **くる** 高い家賃で毎月の生活が苦しい。 비싼 집세로 매달 생활이 어렵다.
家賃	高い家賃で毎月の生活が苦しい。

ゆく え **行方** 행방	**こども** **ゆくえ** **わ** **しんぱい** 子供の行方が分からなくて心配している。 아이의 행방을 알 수가 없어 걱정하고 있다.
行方	子供の行方が分からなくて心配している。

よ なか **夜中** 한밤중	**しごと** **おお** **よ なか** **たいきん** 仕事が多くて夜中になって退勤した。 일이 많아서 한밤중이 되어서야 퇴근했다.
夜中	仕事が多くて夜中になって退勤した。

わたし
私 나/저 | ゆめ
夢 꿈 | いしゃ
医者 의사 | たか
高い 비싸다 | やちん
家賃 집세 | まいつき
毎月 매달 | せいかつ
生活 생활 |
くる
苦しい 난처하다/곤란하다/어렵다 | こども
子供 아이 | ゆくえ
行方 행방 | わ
分かる 알다 | しんぱい
心配 걱정 |
しごと
仕事 일 | おお
多く 많음 | よなか
夜中 한밤중 | たいきん
退勤 퇴근

ま행~わ행 단어 쓰기

✏️ 문장으로 단어를 익히고 손으로 직접 써보세요

わかもの **若者**	さいきんわかもの あいだ りゅうこう くつ 最近若者の間で流行している靴がある。
젊은이, 청년	요즘 젊은이들 사이에서 유행하는 신발이 있다.
若者	最近若者の間で流行している靴がある。

わす もの **忘れ物**	ち か てつ えき わす もの ほ かん ところ 地下鉄の駅には忘れ物を保管する所があります。
분실물	지하철역에는 분실물을 보관하는 곳이 있습니다.
忘れ物	地下鉄の駅には忘れ物を保管する所があります。

わりあい **割合**	け しょうひん せいぶん わりあい ちょう さ 化粧品の成分の割合を調査しました。
비율	화장품의 성분 비율을 조사했습니다.
割合	化粧品の成分の割合を調査しました。

わりびき **割引**	しょうひん わりびきはんばい この商品は割引販売しています。
할인	이 상품은 할인 판매하고 있습니다.
割引	この商品は割引販売しています。

さいきん
最近 최근/요즘 ｜ わかもの
若者 젊은이/청년 ｜ あいだ
間 사이 ｜ りゅうこう
流行 유행 ｜ ち か てつ
地下鉄 지하철 ｜ えき
駅 역
わす もの
忘れ物 분실물 ｜ ほ かん
保管 보관 ｜ ところ
所 곳 ｜ け しょうひん
化粧品 화장품 ｜ せいぶん
成分 성분 ｜ わりあい
割合 비율 ｜ ちょう さ
調査
조사 ｜ この 이 ｜ しょうひん
商品 상품 ｜ わりびき
割引 할인 ｜ はんばい
販売 판매

Part 2.

음독 명사

✏️ **문장으로 단어를 익히고 손으로 직접 써보세요**

あくしゅ **握手** 악수	彼らは握手を交しながら挨拶をしました。
	그들은 악수를 나누며 인사를 했습니다.
握手	彼らは握手を交しながら挨拶をしました。

あんき **暗記** 암기	暗記力が優れた学生です。
	암기력이 뛰어난 학생입니다.
暗記	暗記力が優れた学生です。

あんしん **安心** 안심	安心して召し上がっていただいて結構です。
	안심하고 드셔도 됩니다.
安心	安心して召し上がっていただいて結構です。

あんぜん **安全** 안전	安全な場所に移動してください。
	안전한 곳으로 이동해 주세요.
安全	安全な場所に移動してください。

彼ら 그들/그 사람들 | 握手 악수 | 交す 주고받다/교환하다 | 挨拶 인사 | 暗記力
암기력 | 優れる 뛰어나다 | 学生 학생 | 安心 안심 | 召し上がる 드시다 | 結構
좋음/훌륭함 | 安全 안전 | 場所 장소/곳/위치 | 移動 이동

あ행 단어 쓰기

✏️ 문장으로 단어를 익히고 손으로 직접 써보세요

あんない 案内 안내	はくぶつかん あんない 博物館に案内してください。
	박물관으로 안내해주세요.
案内	博物館に案内してください。

いか 以下 이하	しけん ななじゅってん いか がくせい らくだい この試験で70点以下の学生は落第です。
	이 시험에서 70점 이하의 학생은 낙제입니다.
以下	この試験で70点以下の学生は落第です。

い ない 以内 이내	ごふん いない じぶん いけん の 5分以内に自分の意見を述べてください。
	5분 이내로 자신의 의견을 말해주세요.
以内	5分以内に自分の意見を述べてください。

い けん 意見 의견	いけん そうい あした かいぎ 意見の相違で明日また会議します。
	의견차로 내일 다시 회의하겠습니다.
意見	意見の相違で明日また会議します。

はくぶつかん あんない しけん てん いか がくせい
博物館 박물관 | 案内 안내 | この 이 | 試験 시험 | 点 점 | 以下 이하 | 学生 학생
らくだい ふん いない じぶん いけん の
落第 낙제/불합격 | 分 ~분 | 以内 이내 | 自分 자신 | 意見 의견 | 述べる 말하다/진술
そうい あした かいぎ
하다 | 相違 다름/틀림 | 明日 내일 | また 또/다시 | 会議 회의

あ행 단어 쓰기

✎ 문장으로 단어를 익히고 손으로 직접 써보세요

意味 いみ	この文章の意味を理解できませんでした。 ぶんしょう　いみ　りかい
의미	이 문장의 의미를 이해하지 못했습니다.
意味	この文章の意味を理解できませんでした。

移動 いどう	移動中は飲食物を摂取することができません。 いどうちゅう　いんしょくぶつ　せっしゅ
이동	이동 중에는 음식물을 섭취할 수 없습니다.
移動	移動中は飲食物を摂取することができません。

違反 いはん	速度違反はしてはいけません。 そくど　いはん
위반	속도위반은 해서는 안 됩니다.
違反	速度違反はしてはいけません。

運転 うんてん	運転中には電話しないでください。 うんてんちゅう　でんわ
운전	운전 중에는 전화를 하지 마세요.
運転	運転中には電話しないでください。

この 이 | 文章 문장 | 意味 의미 | 理解 이해 | 移動 이동 | 中 ~중 | 飲食物 음식물
| 摂取 섭취 | 速度 속도 | 違反 위반 | 運転 운전 | 電話 전화

あ행 단어 쓰기

✏️ 문장으로 단어를 익히고 손으로 직접 써보세요

うんどう **運動**	まいにち さんじゅっぷん　　うんどう 毎日３０分ずつ運動します。
운동	매일 30분씩 운동합니다.
運動	毎日３０分ずつ運動します。

えいぎょう **営業**	えいぎょう じ かん　　ご ご く じ 営業時間は午後9時までです。
영업	영업시간은 오후 9시까지입니다.
営業	営業時間は午後9時までです。

えいせい **衛生**	えいせいかん り　　　てっていてき 衛生管理を徹底的にしてください。
위생	위생관리를 철저하게 해주세요.
衛生	衛生管理を徹底的にしてください。

えんぴつ **鉛筆**	しょうがくせい　とき　えんぴつ　つか 小学生の時は鉛筆を使いました。
연필	초등학생 때는 연필을 사용했습니다.
鉛筆	小学生の時は鉛筆を使いました。

まいにち さんじゅっぷん　　　　　　　　　　うんどう　　　　　　　えいぎょう　　　じ かん　　　　　ご ご
毎日 매일 | **３０分** 30분 | **ずつ** ~씩 | **運動** 운동 | **営業** 영업 | **時間** 시간 | **午後**
오후 | **まで** ~까지 | **衛生** 위생 | **管理** 관리 | **徹底的だ** 철저하다 | **小学生** 초등학생
とき　　　　　えんぴつ　　　　　　つか
時 때 | **鉛筆** 연필 | **使う** 사용하다

あ행 단어 쓰기

✏️ 문장으로 단어를 익히고 손으로 직접 써보세요

おせん **汚染** 오염	みず おせん さかな い 水が汚染されて魚が生きられない。 물이 오염되어 물고기가 살 수 없다.
汚染	水が汚染されて魚が生きられない。

おうふく **往復** 왕복	おうふく 往復チケットはいくらですか。 왕복 티켓은 얼마입니까?
往復	往復チケットはいくらですか。

おんがく **音楽** 음악	たの おんがく き 楽しい音楽が聞きたいです。 신나는 음악을 듣고 싶습니다.
音楽	楽しい音楽が聞きたいです。

おんど **温度** 온도	みず おんど かくにん 水の温度を確認してください。 물의 온도를 확인해 주세요.
温度	水の温度を確認してください。

みず おせん さかな い おうふく
水 물 | 汚染 오염 | 魚 물고기 | 生きる 살다 | 往復 왕복 | **チケット** 티켓 | いくら
たの おんがく き おんど かくにん
얼마 | 楽しい 즐겁다 | 音楽 음악 | 聞く 듣다 | 温度 온도 | 確認 확인

45

DAY 8 か행 단어 쓰기

160/1024

✏️ 문장으로 단어를 익히고 손으로 직접 써보세요

かかく **価格** 가격	らいしゅう かかく あ 来週からは価格が上がります。 다음 주부터는 가격이 오릅니다.
価格	来週からは価格が上がります。

かがく **科学** 과학	きむら かがくきょうし 木村さんは科学教師だ。 기무라 씨는 과학 교사이다.
科学	木村さんは科学教師だ。

かぞく **家族** 가족	わたし かぞく ごにん 私の家族は五人です。 나의 가족은 5명입니다.
家族	私の家族は五人です。

かいぎ **会議** 회의	きょう かいぎ なが 今日も会議が長くなりました。 오늘도 회의가 길어졌습니다.
会議	今日も会議が長くなりました。

らいしゅう かかく あ かがく きょうし わたし
来週 다음 주 | **価格** 가격 | **上がる** 오르다 | **科学** 과학 | **教師** 교사 | **私** 나/저 |
かぞく ごにん きょう かいぎ なが
家族 가족 | **五人** 5명 | **今日** 오늘 | **会議** 회의 | **長い** 길다

46

か행 단어 쓰기

✎ 문장으로 단어를 익히고 손으로 직접 써보세요

かいけつ **解決** 해결	^{かんが}どう考えても^{かいけつ}解決する^{ほうほう}方法がない。 아무리 생각해도 해결할 방법이 없다.
解決	どう考えても解決する方法がない。

かいだん **階段** 계단	^{こ ども}子供が^{かいだん}階段で^{ころ}転んで^な泣いている。 아이가 계단에서 넘어져서 울고 있다.
階段	子供が階段で転んで泣いている。

がいこう **外交** 외교	^{かれ}彼は^{しんこく}深刻な^{がいこうもんだい}外交問題を^{かいけつ}解決した。 그는 심각한 외교 문제를 해결했다.
外交	彼は深刻な外交問題を解決した。

がいしゅつ **外出** 외출	^{がいしゅつ}外出して^{かえ}帰ってきたら^{かなら}必ず^て手を^{あら}洗いなさい。 외출하고 돌아오면 꼭 손을 씻으세요.
外出	外出して帰ってきたら必ず手を洗いなさい。

^{かんが}どう考えても 아무리 생각해도 | ^{かいけつ}解決 해결 | ^{ほうほう}方法 방법 | ^{こ ども}子供 아이 | ^{かいだん}階段 계단 | ^{ころ}転ぶ 넘어지다 | ^な泣く 울다 | ^{かれ}彼 그 | ^{しんこく}深刻だ 심각하다 | ^{がいこう}外交 외교 | ^{もんだい}問題 문제 | ^{かいけつ}解決 해결 | ^{がいしゅつ}外出 외출 | ^{かえ}帰る 돌아오다/돌아가다 | ^{かなら}必ず 반드시/꼭 | ^て手 손 | ^{あら}洗う 씻다

か행 단어 쓰기

✏️ 문장으로 단어를 익히고 손으로 직접 써보세요

がいしょく **外食**	まいにちがいしょく けっか ご ふ 毎日外食した結果、5キロ増えた。
외식	매일 외식한 결과 5kg 늘었다.
外食	毎日外食した結果、5キロ増えた。

かくじ **各自**	かくじ まか しごと さいぜん つ 各自任された仕事に最善を尽くそう。
각자	각자 맡은 일에 최선을 다하자.
各自	各自任された仕事に最善を尽くそう。

かくにん **確認**	かくにん メールを確認してください。
확인	이메일을 확인해주세요.
確認	メールを確認してください。

かくりつ **確率**	たから あ かくりつ ひじょう ひく 宝くじに当たる確率は非常に低い。
확률	복권에 당첨될 확률은 매우 낮다.
確率	宝くじに当たる確率は非常に低い。

まいにち　　　　　がいしょく　　　　けっか　　　　　　　　ふ　　　　　　　　　　　　　かくじ
毎日 매일 | **外食** 외식 | **結果** 결과 | **キロ** 킬로그램 | **増える** 늘다/늘어나다 | **各自**
　　　まか　　　　　　　　　　　しごと　　　　さいぜん　　　つ
각자 | **任す** 맡기다/위임하다 | **仕事** 일 | **最善** 최선 | **尽くす** 다하다 | **メール** 메일 |
かくにん　　　　　たから　　　　　あ　　　　　　　　　　　　　かくりつ　　　　　ひじょう　　　　　ひく
確認 확인 | **宝くじ** 복권 | **当たる** 맞다/들어맞다 | **確率** 확률 | **非常に** 매우 | **低い** 낮다

48

か행 단어 쓰기

✏️ 문장으로 단어를 익히고 손으로 직접 써보세요

がくりょく **学力** 학력	きそ がくりょく こうじょう 基礎学力が向上した。
	기초 학력이 향상되었다.
学力	基礎学力が向上した。

かつどう **活動** 활동	かれ せっきょくてき かつどう さんか 彼は積極的にボランティア活動に参加している。
	그는 적극적으로 봉사활동에 참여하고 있다.
活動	彼は積極的にボランティア活動に参加している。

かんかく **感覚** 감각	ますい じょじょ かんかく うしな 麻酔をしてから徐々に感覚を失った。
	마취를 하고 나서 서서히 감각을 잃었다.
感覚	麻酔をしてから徐々に感覚を失った。

かんしゃ **感謝** 감사	かんしゃ なみだ なが 感謝の涙を流しました。
	감사의 눈물을 흘렸습니다.
感謝	感謝の涙を流しました。

き そ
基礎 기초 | がくりょく 学力 학력 | こうじょう 向上 향상 | かれ 彼 그 | せっきょくてき 積極的 적극적 | ボランティア 자원봉사 | かつどう 活動 활동 | さんか 参加 참가 | ますい 麻酔 마취 | じょじょ 徐々に 서서히 | かんかく 感覚 감각 | うしな 失う 잃다/잃어버리다 | かんしゃ 感謝 감사 | なみだ 涙 눈물 | なが 流す 흘리다

か행 단어 쓰기

✎ 문장으로 단어를 익히고 손으로 직접 써보세요

かんじょう **感情**	かれ　　　　　かんじょう　　しょう 彼にいい感情が生じました。
감정	그에게 좋은 감정이 생겼습니다.
感情	彼にいい感情が生じました。

かんどう **感動**	かれ　　　　　　　　　　かんどう 彼のプロポーズに感動した。
감동	그의 프로포즈에 감동했다.
感動	彼のプロポーズに感動した。

かんきょう **環境**	かんきょう お せん 環境汚染がますますひどくなっている。
환경	환경오염이 갈수록 심해지고 있다.
環境	環境汚染がますますひどくなっている。

かんけい **関係**	こと　　さとう　　　　　なん　かんけい その事は佐藤さんと何の関係もない。
관계	그 일은 사토 씨와 아무런 관계가 없다.
関係	その事は佐藤さんと何の関係もない。

かれ
彼 그 | いい 좋다 | かんじょう
感情 감정 | しょう
生じる 생기다 | プロポーズ 프로포즈 | かんどう
感動 감동
| かんきょう
環境 환경 | お せん
汚染 오염 | ますます 갈수록 | ひどい (정도가)심하다 | その 그 | こと
事
일/ 것 | なん
何の 무슨/어떤/아무런 | かんけい
関係 관계

50

✏️ 문장으로 단어를 익히고 손으로 직접 써보세요

かんしん **関心** 관심	かれ わたし かんしん 彼は私に関心がないようだ。 그는 나에게 관심이 없는 것 같다.
関心	彼は私に関心がないようだ。

かんりょう **完了** 완료	てんそう かんりょう 転送が完了しました。 전송이 완료되었습니다.
完了	転送が完了しました。

かんとく **監督** 감독	き むら ゆうめい かんとく 木村さんは有名なサッカー監督です。 기무라 씨는 유명한 축구 감독입니다.
監督	木村さんは有名なサッカー監督です。

かんばん **看板** 간판	たいふう かんばん ふ と 台風で看板が吹き飛びました。 태풍으로 간판이 날아갔습니다.
看板	台風で看板が吹き飛びました。

かれ わたし かんしん てんそう かんりょう ゆうめい
彼 그 | 私 나/저 | 関心 관심 | 転送 전송 | 完了 완료 | 有名だ 유명하다 | サッカー
かんとく たいふう かんばん ふ と
축구 | 監督 감독 | 台風 태풍 | 看板 간판 | 吹き飛ぶ 바람에 날아가다

か행 단어 쓰기

✎ 문장으로 단어를 익히고 손으로 직접 써보세요

かんり **管理** 관리	なつ けんこうかんり ひつよう 夏には健康管理が必要です。 여름에는 건강관리가 필요합니다.
管理	夏には健康管理が必要です。

きおく **記憶** 기억	しゅんかん きおく のこ すべての瞬間が記憶に残る。 모든 순간이 기억에 남는다.
記憶	すべての瞬間が記憶に残る。

きねん **記念** 기념	きょう りょうしん けっこんきねんび 今日は両親の結婚記念日です。 오늘은 부모님의 결혼기념일입니다.
記念	今日は両親の結婚記念日です。

きろく **記録** 기록	こんど つゆ おお こうすいりょう きろく 今度の梅雨は多くの降水量を記録した。 이번 장마는 많은 강수량을 기록했다.
記録	今度の梅雨は多くの降水量を記録した。

なつ けんこう かんり ひつよう しゅんかん
夏 여름 | 健康 건강 | 管理 관리 | 必要 필요 | すべて 전부/모두/전체/모조리 | 瞬間
きおく のこ きょう りょうしん けっこん きねんび
순간 | 記憶 기억 | 残る 남다 | 今日 오늘 | 両親 부모 | 結婚 결혼 | 記念日 기념일
こんど つゆ おお こうすいりょう きろく
今度 이번 | 梅雨 장마 | 多い 많음 | 降水量 강수량 | 記録 기록

52

か행 단어 쓰기

✏️ 문장으로 단어를 익히고 손으로 직접 써보세요

気温 (き おん)	雨が降ったのに日中の気温は下がらなかった。
기온	비가 내리는데도 낮 기온은 내려가지 않았다.
気温	雨が降ったのに日中の気温は下がらなかった。

気候 (き こう)	気候変化による対応策を講じなければならない。
기후	기후변화로 인한 대응책을 강구해야 한다.
気候	気候変化による対応策を講じなければならない。

機会 (き かい)	大統領は国民とのコミュニケーションの機会を作った。
기회	대통령은 국민들과의 소통의 기회를 만들었다.
機会	大統領は国民とのコミュニケーションの機会を作った。

期限 (き げん)	賞味期限があまり残っていない。
기한	유통기한이 얼마 남지 않았다.
期限	賞味期限があまり残っていない。

雨 비 | 降る (눈·비 등이)내리다 | 日中 낮(해가 있는 동안) | 気温 기온 | 下がる (기온 등이)내려가다 | 気候 기후 | 変化 변화 | 対応 대응 | 策を講じる 대책을 강구하다 | 大統領 대통령 | 国民 국민 | 機会 기회 | 作る 만들다 | 賞味期限 유통기한 | 残る 남다

か행 단어 쓰기

✏️ 문장으로 단어를 익히고 손으로 직접 써보세요

期待 きたい	結果は期待に及ばなかった。 _{けっか　きたい　およ}
기대	결과는 기대에 미치지 못했다.
期待	結果は期待に及ばなかった。

企業 きぎょう	企業の経営悪化で人員削減があった。 _{きぎょう　けいえい　あっか　じんいんさくげん}
기업	기업의 경영악화로 인원 감축이 있었다.
企業	企業の経営悪化で人員削減があった。

基礎 きそ	日本語の基礎文法は難しくない。 _{にほんご　きそぶんぽう　むずか}
기초	일본어 기초 문법은 어렵지 않다.
基礎	日本語の基礎文法は難しくない。

規則 きそく	学校では規則を守らなければならない。 _{がっこう　きそく　まも}
규칙	학교에서는 규칙을 지켜야 한다.
規則	学校では規則を守らなければならない。

結果 결과 | 期待 기대 | 及ぶ 미치다 | 企業 기업 | 経営 경영 | 悪化 악화 | 人員
인원 | 削減 감축 | 日本語 일본어 | 基礎 기초 | 文法 문법 | 難しい 어렵다 | 学校
학교 | 規則 규칙 | 守る 지키다

54

か행 단어 쓰기

✎ 문장으로 단어를 익히고 손으로 직접 써보세요

きぼう **希望**	けいやく と け いま なん きぼう 契約が取り消されて今は何も希望がない。
희망	계약이 취소되어 지금은 아무런 희망이 없다.
希望	契約が取り消されて今は何も希望がない。

ぎじゅつ **技術**	ちち いりょう ぎじゅつ かいはつ 父は医療技術を開発している。
기술	아버지는 의료기술을 개발하고 있다.
技術	父は医療技術を開発している。

きゅうか **休暇**	こんど きゅうか にほん い 今度の休暇は日本へ行くつもりです。
휴가	이번 휴가는 일본으로 갈 예정입니다.
休暇	今度の休暇は日本へ行くつもりです。

きゅうじょ **救助**	そうなん こども ぶじ きゅうじょ 遭難した子供が無事に救助された。
구조	조난된 아이가 무사히 구조되었다.
救助	遭難した子供が無事に救助された。

けいやく   と け   いま   きぼう   ちち   いりょう
契約 계약 | **取り消される** 취소되다 | **今** 지금 | **希望** 희망 | **父** 아버지 | **医療** 의료
ぎじゅつ   かいはつ   こんど   きゅうか   にほん   い
| **技術** 기술 | **開発** 개발 | **今度** 이번 | **休暇** 휴가 | **日本** 일본 | **行く** 가다 | つもり
                    そうなん   こども   ぶじ   きゅうじょ
예정/작정 | **遭難** 조난 | **子供** 아이 | **無事に** 무사히 | **救助** 구조

✏️ **문장으로 단어를 익히고 손으로 직접 써보세요**

きょか **許可**	とうきょく きょか ま 当局の許可を待っています。
허가	당국의 허가를 기다리고 있습니다.
許可	当局の許可を待っています。

きょり **距離**	いえ かいしゃ きょり ちか 家から会社まで距離が近いです。
거리	집에서 회사까지 거리가 가깝습니다.
距離	家から会社まで距離が近いです。

きょういく **教育**	かのじょ に ほん ご きょういく 彼女は日本語の教育をしています。
교육	그녀는 일본어 교육을 하고 있습니다.
教育	彼女は日本語の教育をしています。

きょう か しょ **教科書**	こくていきょう か しょ さいたく 国定教科書が採択されました。
교과서	국정교과서가 채택되었습니다.
教科書	国定教科書が採択されました。

とうきょく きょか ま いえ かいしゃ きょり ちか
当局 당국 | **許可** 허가 | **待つ** 기다리다 | **家** 집 | **会社** 회사 | **距離** 거리 | **近い**
かのじょ に ほん ご きょういく こくてい きょう か しょ さいたく
가깝다 | **彼女** 그녀 | **日本語** 일본어 | **教育** 교육 | **国定** 국정 | **教科書** 교과서 | **採択**

채택

56

か행 단어 쓰기

✎ 문장으로 단어를 익히고 손으로 직접 써보세요

きょうしつ **教室** 교실	ほうかご きょうしつ そうじ 放課後には教室の掃除をします。 방과 후에는 교실 청소를 합니다.
教室	放課後には教室の掃除をします。

きょうそう **競争** 경쟁	きぎょうかん きょうそう しれつ 企業間の競争が熾烈だ。 기업 간의 경쟁이 치열하다.
競争	企業間の競争が熾烈だ。

きょうつう **共通** 공통	ふた じけん きょうつうてん みいだ 二つの事件で共通点を見出すことができた。 두 사건에서 공통점을 찾을 수 있었다.
共通	二つの事件で共通点を見出すことができた。

きょうみ **興味** 흥미	すいえい きょうみ で 水泳に興味が出てきました。 수영에 흥미가 생겼습니다.
興味	水泳に興味が出てきました。

ほうかご きょうしつ そうじ きぎょう かん きょうそう
放課後 방과 후 | **教室** 교실 | **掃除** 청소 | **企業** 기업 | **間** 간/틈/사이 | **競争** 경쟁 |
しれつ ふた じけん きょうつうてん みいだ
熾烈だ 치열하다 | **二つ** 둘/두 개 | **事件** 사건 | **共通点** 공통점 | **見出す** 찾아내다/발견
すいえい きょうみ で
하다 | **水泳** 수영 | **興味** 흥미 | **出てくる** 생기다

か행 단어 쓰기

✏️💢 문장으로 단어를 익히고 손으로 직접 써보세요

きょうりょく **協力** 협력	この賞はみんなで協力した結果だ。
	이 상은 모두가 협력한 결과다.
協力	この賞はみんなで協力した結果だ。

きんえん **禁煙** 금연	このホテルは全区域が禁煙です。
	이 호텔은 전구역이 금연입니다.
禁煙	このホテルは全区域が禁煙です。

くうき **空気** 공기	田舎は空気がきれいです。
	시골은 공기가 깨끗합니다.
空気	田舎は空気がきれいです。

くうこう **空港** 공항	空港まで30分ぐらいかかります。
	공항까지 30분 정도 걸립니다.
空港	空港まで30分ぐらいかかります。

この 이 | 賞 상 | みんな 모두 | 協力 협력 | 結果 결과 | ホテル 호텔 | 全区域 전구역 | 禁煙 금연 | 田舎 시골 | 空気 공기 | きれいだ 깨끗하다 | 空港 공항 | まで 까지 | ぐらい 정도 | かかる 걸리다

か행 단어 쓰기

✏️ **문장으로 단어를 익히고 손으로 직접 써보세요**

くんれん **訓練** 훈련	わたし　むすこ　ぐんたい　くんれん　う 私の息子は軍隊で訓練を受けています。 내 아들은 군대에서 훈련받고 있습니다.
訓練	私の息子は軍隊で訓練を受けています。

けいえい **経営** 경영	かいしゃけいえい　ちから　い ユナさんは会社経営に力を入れています。 유나 씨는 회사 경영에 힘쓰고 있습니다.
経営	ユナさんは会社経営に力を入れています。

けいかく **計画** 계획	なつやす　けいかく　た 夏休みの計画を立てました。 여름 방학 계획을 세웠습니다.
計画	夏休みの計画を立てました。

けいさん **計算** 계산	けいさん　　　　とく い 計算するのは得意です。 계산은 자신 있습니다.
計算	計算するのは得意です。

わたし　　　　むすこ　　　　　　ぐんたい　　　　くんれん　　　　　う　　　　　　　　　　　かいしゃ　　　　けいえい
私 나/저 | 息子 아들 | 軍隊 군대 | 訓練 훈련 | 受ける 받다 | 会社 회사 | 経営 경영

なつやす　　　　　　　　けいかく　　　　た　　　　　　　けいさん　　　　とく い
| 夏休み 여름방학 | 計画 계획 | 立てる 세우다 | 計算 계산 | 得意だ 자신 있다

59

か행 단어 쓰기

✎ 문장으로 단어를 익히고 손으로 직접 써보세요

けいさつ **警察** 경찰	どろぼう けいさつ さ に 泥棒は警察を避けて逃げた。 도둑은 경찰을 피해 달아났다.
警察	泥棒は警察を避けて逃げた。

けいやく **契約** 계약	けいやくしょ はんこ お 契約書に判子を押してください。 계약서에 도장을 찍어주세요.
契約	契約書に判子を押してください。

けつえき **血液** 혈액	けつえきけんさ けっか で 血液検査の結果が出ました。 혈액검사 결과가 나왔습니다.
血液	血液検査の結果が出ました。

けっきょく **結局** 결국	しゅじゅつ う けっきょくな 手術を受けましたが、結局亡くなられました。 수술을 받았지만 결국 돌아가셨습니다.
結局	手術を受けましたが、結局亡くなられました。

どろぼう けいさつ さ に けいやくしょ
泥棒 도둑｜警察 경찰｜避ける 피하다｜逃げる 도망치다/달아나다/도피하다｜契約書
はんこ お けつえき けんさ けっか で
계약서｜判子 도장｜押す (도장을)찍다｜血液 혈액｜検査 검사｜結果 결과｜出る
しゅじゅつ う けっきょく な
나오다｜手術 수술｜受ける 받다｜結局 결국｜亡くなる 죽다/돌아가다

✏️ **문장으로 단어를 익히고 손으로 직접 써보세요**

けっこん **結婚** 결혼	かのじょ けっこんしき らいしゅう どようび 彼女の結婚式は来週の土曜日です。 그녀의 결혼식은 다음 주 토요일입니다.
結婚	彼女の結婚式は来週の土曜日です。

けつろん **結論** 결론	かんたん けつろん で こま じょうきょう 簡単に結論が出なくて困っている状況です。 쉽게(간단하게) 결론이 나지 않아 곤란한 상황입니다.
結論	簡単に結論が出なくて困っている状況です。

けっしん **決心** 결심	けっしん こんだて ちょうせつ ダイエットを決心して献立を調節しました。 다이어트를 결심하고 식단을 조절하였습니다.
決心	ダイエットを決心して献立を調節しました。

けってい **決定** 결정	けってい したが あなたの決定に従います。 당신의 결정에 따르겠습니다.
決定	あなたの決定に従います。

かのじょ 彼女 그녀 | けっこんしき 結婚式 결혼식 | らいしゅう 来週 다음 주 | どようび 土曜日 토요일 | かんたん 簡単 간단 | けつろん 結論 결론 | こま 困る 곤란하다/난처하다 | じょうきょう 状況 상황 | ダイエット 다이어트 | けっしん 決心 결심 | こんだて 献立 식단 | ちょうせつ 調節 조절 | あなた 당신 | けってい 決定 결정 | したが 従う 따르다

か행 단어 쓰기

✎ 문장으로 단어를 익히고 손으로 직접 써보세요

けんきゅう **研究**	けんきゅうけっか ほうこくしょ さくせい 研究結果報告書を作成する。
연구	연구 결과 보고서를 작성하다.
研究	研究結果報告書を作成する。

げんいん **原因**	かわ おせん げんいん つ と 川の汚染の原因を突き止める。
원인	강물의 오염 원인을 밝혀내다.
原因	川の汚染の原因を突き止める。

けん か **喧嘩**	りゆう なん けん か 理由が何であれ喧嘩はよくない。
싸움	이유야 어떻든 간에 싸움은 좋지 않다.
喧嘩	理由が何であれ喧嘩はよくない。

こ きゅう **呼吸**	こきゅうこんなん しょうじょう 呼吸困難の症状があります。
호흡	호흡곤란 증상이 있습니다.
呼吸	呼吸困難の症状があります。

けんきゅう けっか ほうこくしょ さくせい かわ おせん
研究 연구 | **結果** 결과 | **報告書** 보고서 | **作成** 작성 | **川** 강/하천/시내 | **汚染** 오염 |
げんいん つ と りゆう なん
原因 원인 | **突き止める** 밝혀내다/알아내다 | **理由** 이유 | **何であれ** 어떤 것이라도/무엇
けん か こ きゅう こんなん しょうじょう
이라도 | **喧嘩** 싸움 | **よい** 좋다 | **呼吸** 호흡 | **困難** 곤란 | **症状** 증상

62

か행 단어 쓰기

✎ 문장으로 단어를 익히고 손으로 직접 써보세요

ごかい **誤解** 오해	ふよう ごかい 不要な誤解はしないでください。 불필요한 오해는 하지 말아주세요.
誤解	不要な誤解はしないでください。

こうえん **公園** 공원	うえだ こうえん　　しず 上田公園はきれいで静かです。 우에다 공원은 깨끗하고 조용합니다.
公園	上田公園はきれいで静かです。

こうしゅう **公衆** 공중	こうしゅうでんわ 公衆電話はどこにありますか。 공중전화는 어디에 있습니까?
公衆	公衆電話はどこにありますか。

こうか **効果** 효과	け しょうひん　 び はくこうか この化粧品は美白効果があります。 이 화장품은 미백효과가 있습니다.
効果	この化粧品は美白効果があります。

ふよう　　　　　　　　　ごかい　　　　　　　こうえん　　　　　　　　　　　　　　　　しず　　　　　　　　　　こうしゅう
不要 불필요 | 誤解 오해 | 公園 공원 | きれいだ 깨끗하다 | 静かだ 조용하다 | 公衆
　　　　　でんわ　　　　　　　　　　　　　　　け しょうひん　　　　　　び はく　　　　　こうか
공중 | 電話 전화 | どこ 어디 | 化粧品 화장품 | 美白 미백 | 効果 효과

か행 단어 쓰기

✏️ 문장으로 단어를 익히고 손으로 직접 써보세요

こうりょく **効力** 효력	きげん　す　　　　こうりょく　うしな 期限が過ぎると効力が失われる。 기한이 지나면 효력이 상실된다.
効力	期限が過ぎると効力が失われる。

ごうかく **合格** 합격	だいがくにゅうがく し けん　　ごうかく 大学入学試験に合格しました。 대학입학 시험에 합격했습니다.
合格	大学入学試験に合格しました。

こうつう **交通** 교통	かんこく　こうつう　べんり 韓国は交通が便利です。 한국은 교통이 편리합니다.
交通	韓国は交通が便利です。

こう ぎ **講義** 강의	こうぎ　き　　ふくしゅう 講義を聞いて復習した。 강의를 듣고 복습했다.
講義	講義を聞いて復習した。

きげん
期限 기한 ｜ す
過ぎる (시간·기한이)지나다/끝나다 ｜ こうりょく
効力 효력 ｜ うしな
失われる 상실되다 ｜
だいがく
大学 대학 ｜ にゅうがく
入学 입학 ｜ しけん
試験 시험 ｜ ごうかく
合格 합격 ｜ かんこく
韓国 한국 ｜ こうつう
交通 교통 ｜ べんり
便利 편리
｜ こうぎ
講義 강의 ｜ き
聞く 듣다 ｜ ふくしゅう
復習 복습

か행 단어 쓰기

✎ 문장으로 단어를 익히고 손으로 직접 써보세요

こくさい **国際** 국제	こくさいくうこう　　　　　ねが 国際空港までお願いします。
	국제공항까지 부탁합니다(가 주세요).
国際	国際空港までお願いします。

こんざつ **混雑** 혼잡	で　　　　まえ　　こうつうこんざつじょうきょう 出かける前に交通混雑状況をチェックした。
	외출하기 전에 교통 혼잡 상황을 체크했다.
混雑	出かける前に交通混雑状況をチェックした。

こん　や **今夜** 오늘밤	こん　や 今夜ワインパーティーがあります。
	오늘 밤에 와인 파티가 있습니다.
今夜	今夜ワインパーティーがあります。

こんなん **困難** 곤란	しょとく　　　　　せいけい　こんなん　じょうきょう 所得がなくて生計が困難な状況だ。
	소득이 없어 생계가 곤란한 상황이다.
困難	所得がなくて生計が困難な状況だ。

こくさい　　　　　　　くうこう　　　　　　　　　　　　　で　　　　　　　　　　　　　　　　　　まえ　　　　こうつう
国際 국제 | 空港 공항 | まで 까지 | 出かける 외출하다/나가다 | ~前 ~전 | 交通 교
こんざつ　　　　　じょうきょう　　　　　　　　　　　　　　　　　　こん　や
통 | 混雑 혼잡 | 状況 상황 | チェック 체크 | 今夜 오늘밤 | ワイン 와인 | パーティ
しょとく　　　　　　せいけい　　　　　　こんなん
ー 파티 | 所得 소득 | 生計 생계 | 困難 곤란

65

DAY 12 さ행 단어 쓰기

✏️ 문장으로 단어를 익히고 손으로 직접 써보세요

さ べつ **差別**	だんじょ さ べつ ふ びょうどう 男女差別は不平等だ。
차별	남녀 차별은 불평등하다.
差別	男女差別は不平等だ。

さ ゆう **左右**	うんてん さ ゆう み 運転するときは左右をよく見なければならない。
좌우	운전할 때에는 좌우를 잘 보지 않으면 안 된다.
左右	運転するときは左右をよく見なければならない。

さい ご **最後**	さいしょ さい ご 最初で最後だった。
마지막, 최후	처음이자 마지막이었다.
最後	最初で最後だった。

さいしゅう **最終**	かのじょ さいしゅうめんせつ ごうかく 彼女は最終面接に合格した。
최종	그녀는 최종면접에 합격했다.
最終	彼女は最終面接に合格した。

だんじょ 男女 남녀 | さ べつ 差別 차별 | ふ びょうどう 不平等 불평등 | うんてん 運転 운전 | さ ゆう 左右 좌우 | み 見る 보다 | さいしょ 最初
최초/처음 | さい ご 最後 마지막/최후 | かのじょ 彼女 그녀 | さいしゅう 最終 최종 | めんせつ 面接 면접 | ごうかく 合格 합격

さ행 단어 쓰기

✎ 문장으로 단어를 익히고 손으로 직접 써보세요

さいだい **最大** 최대	この建物は世界最大規模のデパートだ。
	이 건물은 세계 최대 규모의 백화점이다.
最大	この建物は世界最大規模のデパートだ。

さいてい **最低** 최저	不動産価格が最低に落ちた。
	부동산 가격이 최저로 떨어졌다.
最低	不動産価格が最低に落ちた。

さいのう **才能** 재능	私の妹はいろいろな才能がある。
	나의 여동생은 여러 가지 재능이 있다.
才能	私の妹はいろいろな才能がある。

さいふ **財布** 지갑	図書館で財布を無くしました。
	도서관에서 지갑을 잃어버렸습니다.
財布	図書館で財布を無くしました。

この 이 | 建物 건물 | 世界 세계 | 最大 최대 | 規模 규모 | デパート 백화점 | 不動産 부동산 | 価格 가격 | 最低 최저 | 落ちる 떨어지다 | 私 나/저 | 妹 여동생 | いろいろ 여러 가지 | 才能 재능 | 図書館 도서관 | 財布 지갑 | 無くす 잃어버리다

さ행 단어 쓰기

✏️ 문장으로 단어를 익히고 손으로 직접 써보세요

ざいさん **財産** 재산	去年から財産が増えている。 작년부터 재산이 늘어나고 있다.
財産	去年から財産が増えている。

ざいりょう **材料** 재료	料理をする前に材料を準備してください。 요리를 하기 전에 재료를 준비해 주세요.
材料	料理をする前に材料を準備してください。

さくせい **作成** 작성	この文書を作成してください。 이 문서를 작성해주세요.
作成	この文書を作成してください。

さくひん **作品** 작품	長い間準備してきた作品が展示されます。 오랫동안 준비해온 작품이 전시되었습니다.
作品	長い間準備してきた作品が展示されます。

きょねん
去年 작년 | 財産 재산 | 増える 늘다 | 料理 요리 | 前 ~전 | 材料 재료 | 準備 준비
| この 이 | 文書 문서 | 作成 작성 | 長い間 오랫동안 | 準備 준비 | 作品 작품 | 展示

전시

68

さ행 단어 쓰기

✏️ **문장으로 단어를 익히고 손으로 직접 써보세요**

さつえい **撮影** 촬영	ミュージックビデオの撮影現場を訪れました。
	뮤직비디오 촬영 현장을 방문했습니다.
撮影	ミュージックビデオの撮影現場を訪れました。

さっか **作家** 작가	彼女は有名な小説作家です。
	그녀는 유명한 소설작가입니다.
作家	彼女は有名な小説作家です。

ざっし **雑誌** 잡지	木村さんは雑誌のモデルになりました。
	기무라 씨는 잡지 모델이 되었습니다.
雑誌	木村さんは雑誌のモデルになりました。

さんか **参加** 참가	昨年はマラソン大会に参加しました。
	작년에는 마라톤 대회에 참가했습니다.
参加	昨年はマラソン大会に参加しました。

ミュージックビデオ 뮤직비디오 | 撮影 촬영 | 現場 현장 | 訪れる 방문하다 | 彼女
그녀 | 有名 유명 | 小説 소설 | 作家 작가 | 雑誌 잡지 | モデル 모델 | ~になる
~이/가 되다 | 昨年 작년 | マラソン 마라톤 | 大会 대회 | 参加 참가

さ행 단어 쓰기

✎ 문장으로 단어를 익히고 손으로 직접 써보세요

試験 しけん 시험	こんど しけん たか てんすう と 今度の試験で高い点数を取りました。 이번 시험에서 높은 점수를 받았습니다.
試験	今度の試験で高い点数を取りました。

資本 しほん 자본	しほん た とうし 資本が足りなくて投資できません。 자본이 부족하여 투자할 수 없습니다.
資本	資本が足りなくて投資できません。

資料 しりょう 자료	ろんぶん さくせい しりょう しゅうしゅう 論文を作成するために資料を収集した。 논문을 작성하기 위해 자료를 수집했다.
資料	論文を作成するために資料を収集した。

支出 ししゅつ 지출	ししゅつ へ ちょちく はじ 支出を減らして、貯蓄を始めました。 지출을 줄이고 저축을 시작했습니다.
支出	支出を減らして、貯蓄を始めました。

こんど　しけん　たか　てんすう　と　しほん　た
今度 이번 | 試験 시험 | 高い 높다/비싸다 | 点数 점수 | 取る 받다 | 資本 자본 | 足

とうし　ろんぶん　さくせい　しりょう　しゅうしゅう
りる 족하다/충분하다 | 投資 투자 | 論文 논문 | 作成 작성 | 資料 자료 | 収集 수집

ししゅつ　へ　ちょちく　はじ
支出 지출 | 減らす 줄이다/감하다 | 貯蓄 저축 | 始める 시작하다

✎ 문장으로 단어를 익히고 손으로 직접 써보세요

じけん **事件** 사건	ふた じけん かんれんせい 二つの事件は関連性がありません。
	두 사건은 관련성이 없습니다.
事件	二つの事件は関連性がありません。

じこ **事故** 사고	かれ いんしゅじこ お とうそう 彼は飲酒事故を起こして逃走した。
	그는 음주사고를 내고 도주했다.
事故	彼は飲酒事故を起こして逃走した。

しどう **指導** 지도	わたし ぜんこく とざんたいかい しどうしゃしょう じゅしょう 私は全国登山大会で指導者賞を受賞した。
	나는 전국등산대회에서 지도자상을 받았다.
指導	私は全国登山大会で指導者賞を受賞した。

じじょう **事情** 사정	かのじょ い い じじょう 彼女には言うに言われない事情があります。
	그녀에게는 말 못 할 사정이 있습니다.
事情	彼女には言うに言われない事情があります。

ふた
二つ 둘/두 개 | じけん
事件 사건 | かんれんせい
関連性 관련성 | かれ
彼 그 | いんしゅ
飲酒 음주 | じこ
事故 사고 | お
起こす 일으키다 | とうそう
逃走 도주 | わたし
私 나/저 | ぜんこく
全国 전국 | とざん
登山 등산 | たいかい
大会 대회 | しどうしゃ
指導者 지도자 | しょう
賞 상 | じゅしょう
受賞 수상/상을 받음 | かのじょ
彼女 그녀 | い
言う 말하다/이야기하다 | じじょう
事情 사정

さ행 단어 쓰기

✏️ 문장으로 단어를 익히고 손으로 직접 써보세요

じたい **事態** 사태	おも 思ったより事態が深刻だ。
	생각보다 사태가 심각하다.
事態	思ったより事態が深刻だ。

じしん **地震** 지진	じしん　　　　しんこく　　ひがい　　う 地震によって深刻な被害を受けた。
	지진으로 인해 심각한 피해를 입었다.
地震	地震によって深刻な被害を受けた。

じてんしゃ **自転車** 자전거	じてんしゃ　　　こしょう 自転車が故障しました。
	자전거가 고장났습니다.
自転車	自転車が故障しました。

じどう **自動** 자동	しへい　　しよう　　　　じどうはんばいき 紙幣が使用できる自動販売機です。
	지폐를 사용할 수 있는 자동판매기입니다.
自動	紙幣が使用できる自動販売機です。

おも
思う 생각하다/예상하다 | じたい
事態 사태 | しんこく
深刻 심각 | じしん
地震 지진 | ひがい
被害 피해 | う
受ける 받다 | じてんしゃ
自転車 자전거 | こしょう
故障 고장 | しへい
紙幣 지폐 | しよう
使用 사용 | じどう
自動 자동 | はんばいき
販売機 판매기

さ행 단어 쓰기

✎ 문장으로 단어를 익히고 손으로 직접 써보세요

じ まん **自慢** 자랑	きむら あたら か じ まん 木村さんは新しく買ったカメラを自慢した。
	기무라 씨는 새로 산 카메라를 자랑했다.
自慢	木村さんは新しく買ったカメラを自慢した。

しつぼう **失望** 실망	き たい おお しつぼう おお 期待が大きければ失望も大きい。
	기대가 크면 실망도 크다.
失望	期待が大きければ失望も大きい。

しつれい **失礼** 실례	しつれい ゆうびんきょく 失礼ですが、郵便局はどこですか。
	실례합니다만, 우체국은 어디입니까?
失礼	失礼ですが、郵便局はどこですか。

しつ ど **湿度** 습도	あめ ふ しつど たか 雨が降ると湿度が高くなります。
	비가 오면 습도가 높아집니다.
湿度	雨が降ると湿度が高くなります。

あたら か じ まん き たい おお
新しい 새롭다 | **買う** 사다 | **カメラ** 카메라 | **自慢** 자랑 | **期待** 기대 | **大きい** 크다 |
しつぼう しつれい ゆうびんきょく あめ ふ しつ ど
失望 실망 | **失礼** 실례 | **郵便局** 우체국 | **雨** 비 | **降る** (눈·비 등이)내리다 | **湿度** 습도 |
たか
高い 높다/비싸다

さ행 단어 쓰기

✏️ 문장으로 단어를 익히고 손으로 직접 써보세요

じっけん **実験** 실험	か がく じ かん じっけん じゅぎょう 科学の時間には実験の授業をよくします。
	과학 시간에는 실험 수업을 자주합니다.
実験	科学の時間には実験の授業をよくします。

じつりょく **実力** 실력	せんせい じつりょく 先生のピアノの実力はすごいです。
	선생님의 피아노 실력은 대단합니다.
実力	先生のピアノの実力はすごいです。

しつもん **質問** 질문	せんせい しつもん 先生、質問があります。
	선생님, 질문이 있습니다.
質問	先生、質問があります。

しゅじゅつ **手術** 수술	かんじゃ しゅじゅつ おそ 患者は手術を恐れています。
	환자는 수술을 두려워하고 있습니다.
手術	患者は手術を恐れています。

か がく　じ かん　　　じっけん　　じゅぎょう　　　　　　　　せんせい
科学 과학 | **時間** 시간 | **実験** 실험 | **授業** 수업 | **よく** 자주/잘 | **先生** 선생님 | **ピアノ**
じつりょく　　　　　　　　　しつもん　　　　かんじゃ　　　しゅじゅつ
피아노 | **実力** 실력 | **すごい** 굉장하다/대단하다 | **質問** 질문 | **患者** 환자 | **手術** 수술 |
おそ
恐れる 두려워하다

74

さ행 단어 쓰기

✏️ 문장으로 단어를 익히고 손으로 직접 써보세요

しゅだん **手段** 수단	しゅだん　ほうほう　えら 手段と方法を選ばなかった。 수단과 방법을 가리지 않았다.
手段	手段と方法を選ばなかった。

しゅ み **趣味** 취미	かあ　　　　　しゅみ　　すいえい　なら お母さんは趣味で水泳を習っています。 엄마는 취미로 수영을 배우고 있습니다.
趣味	お母さんは趣味で水泳を習っています。

しゅるい **種類** 종류	さまざま　しゅるい　や さい　はんばい 様々な種類の野菜を販売しています。 다양한 종류의 야채를 판매하고 있습니다.
種類	様々な種類の野菜を販売しています。

じゅぎょう **授業** 수업	きょう　　じゅぎょう 今日の授業はここまでです。 오늘 수업은 여기까지입니다.
授業	今日の授業はここまでです。

しゅだん **手段** 수단 | ほうほう **方法** 방법 | えら **選ぶ** 가리다 | かあ **お母さん** 어머니 | しゅみ **趣味** 취미 | すいえい **水泳** 수영 | なら **習う** 배우다 | さまざま **様々な** 다양한 | しゅるい **種類** 종류 | や さい **野菜** 야채 | はんばい **販売** 판매 | きょう **今日** 오늘 | じゅぎょう **授業** 수업 | **ここまで** 여기까지

✏️ 문장으로 단어를 익히고 손으로 직접 써보세요

しゅうへん **周辺** 주변	がっこうしゅうへん　　じそく　せいげん 学校周辺では時速が制限されています。
	학교 주변에서는 시속이 제한되어 있습니다.
周辺	学校周辺では時速が制限されています。

しゅうかん **習慣** 습관	かれ　へんしょく　　　しゅうかん 彼は偏食をする習慣があります。
	그는 편식하는 습관이 있습니다.
習慣	彼は偏食をする習慣があります。

しゅうちゅう **集中** 집중	しゅうちゅうりょく　　　　　　　がくせい 集中力がすぐれた学生です。
	집중력이 뛰어난 학생입니다.
集中	集中力がすぐれた学生です。

じゅうしょ **住所** 주소	じゅうしょ　　　　　ねが この住所まで、お願いします。
	이 주소로 가주세요.
住所	この住所まで、お願いします。

がっこう　　　　　　しゅうへん　　　　　　　じそく　　　　　　せいげん　　　　　かれ　　　　へんしょく　　　　　　しゅうかん
学校 학교 | **周辺** 주변 | **時速** 시속 | **制限** 제한 | **彼** 그 | **偏食** 편식 | **習慣** 습관

しゅうちゅうりょく　　　　　　　　　　　　　　　　　　　　　　　　　　　　　がくせい　　　　　　　　　　　じゅうしょ
集中力 집중력 | **すぐれる** 뛰어나다/훌륭하다 | **学生** 학생 | **この** 이 | **住所** 주소 |

まで 까지

さ행 단어 쓰기

✏️ 문장으로 단어를 익히고 손으로 직접 써보세요

じゅうみん **住民** 주민	むら じゅうみん あつ 村に住民たちが集まっています。 마을에 주민들이 모여있습니다.
住民	村に住民たちが集まっています。

しゅうり **修理** 수리	れいぞうこ しゅうりちゅう 冷蔵庫はまだ修理中です。 냉장고는 아직 수리중입니다.
修理	冷蔵庫はまだ修理中です。

しゅうりょう **終了** 종료	ほんじつしゅうりょう イベントは本日終了いたします。 이벤트는 오늘 종료됩니다.
終了	イベントは本日終了いたします。

しゅくだい **宿題** 숙제	なつやす しゅくだい おお 夏休みの宿題が多すぎます。 여름방학 숙제가 너무 많습니다.
宿題	夏休みの宿題が多すぎます。

むら　しゅうみん　あつ　れいぞうこ　しゅうりちゅう
村 마을/촌락 | 住民 주민 | 集まる 모이다 | 冷蔵庫 냉장고 | まだ 아직 | 修理中
수리중 | イベント 이벤트 | 本日 금일/오늘 | 終了 종료 | 夏休み 여름방학 | 宿題
숙제

さ행 단어 쓰기

✏️ 문장으로 단어를 익히고 손으로 직접 써보세요

しゅっちょう **出張** 출장	明日から一週間カンボジアに出張します。
	내일부터 일주일간 캄보디아로 출장 갑니다.
出張	明日から一週間カンボジアに出張します。

しゅっぱつ **出発** 출발	出発する前に電話をお願いします。
	출발하기 전에 전화 부탁드립니다.
出発	出発する前に電話をお願いします。

しょうかい **紹介** 소개	私の家族を紹介します。
	우리 가족을 소개하겠습니다.
紹介	私の家族を紹介します。

しょうたい **招待** 초대	ワインパーティーに招待されました。
	와인 파티에 초대받았습니다.
招待	ワインパーティーに招待されました。

明日 내일 | 一週間 일주일간 | カンボジア 캄보디아 | 出張 출장 | 出発 출발 | 前
~전 | 電話 전화 | 私 나/저 | 家族 가족 | 紹介 소개 | ワイン 와인 | パーティー 파티
| 招待 초대

さ행 단어 쓰기

✏️ **문장으로 단어를 익히고 손으로 직접 써보세요**

しょうばい **商売** 장사	はは さかな しょうばい 母は魚の商売をしています。 어머니는 생선 장사를 하십니다.
商売	母は魚の商売をしています。

しょうひん **商品** 상품	にんき しょうひん　　　　　　　　　　　　ま　う 人気商品はいつもあっという間に売れます。 인기상품은 항상 순식간에 팔립니다.
商品	人気商品はいつもあっという間に売れます。

しょう ひ **消費** 소비	きょう　　　　　　　　　　　　　　　　　　　　かね しょうひ 今日はショッピングでたくさんのお金を消費しました。 오늘은 쇼핑으로 많은 돈을 소비했습니다.
消費	今日はショッピングでたくさんのお金を消費しました。

しょうらい **将来** 장래	おとうと しょうらい　ゆめ　いしゃ 弟の将来の夢は医者になることです。 남동생의 장래 희망은 의사가 되는 것입니다.
将来	弟の将来の夢は医者になることです。

はは 엄마 | さかな 생선/물고기 | しょうばい 商売 장사 | にんき 人気 인기 | しょうひん 商品 상품 | いつも 항상/언제나 |
あっという間 ま 순식간 | 売る う 팔다 | 今日 きょう 오늘 | ショッピング 쇼핑 | たくさん 많음 |
かね 金 돈 | しょうひ 消費 소비 | おとうと 弟 남동생 | しょうらい 将来 장래 | ゆめ 夢 꿈 | いしゃ 医者 의사 | ～になる ~이/가 되다

さ행 단어 쓰기

✎ 문장으로 단어를 익히고 손으로 직접 써보세요

しょうりゃく **省略** 생략	こまごま 細々とした内容は省略します。
	ないよう しょうりゃく 세세한 내용은 생략하겠습니다.
省略	細々とした内容は省略します。

じょうきょう **状況** 상황	しんこうじょうきょう おく 進行状況はメールで送ってください。
	진행 상황은 메일로 보내주세요.
状況	進行状況はメールで送ってください。

じょうけん **条件** 조건	じょうけん お あ けいやく 条件が折り合わず契約できない。
	조건이 맞지 않아 계약할 수 없다.
条件	条件が折り合わず契約できない。

じょうしき **常識** 상식	わたし じょうしき とうてい りかい 私の常識では到底理解できない。
	내 상식으로는 도저히 이해가 안 된다.
常識	私の常識では到底理解できない。

こまごま
細々 자세한 모양 | 内容 내용 | 省略 생략 | 進行 진행 | 状況 상황 | メール 메일
おく
送る 보내다/전송하다 | 条件 조건 | 折り合う 해결[매듭]짓다/타협하다/서로 이견을 좁히다
| 契約 계약 | 私 나/저 | 常識 상식 | 到底 도저히/아무리 하여도 | 理解 이해

80

✏️ **문장으로 단어를 익히고 손으로 직접 써보세요**

じょうほう **情報** 정보	こじんじょうほう　りゅうしゅつ **個人情報は流出しないでください。** 개인정보는 유출하지 말아 주세요.
情報	個人情報は流出しないでください。

しょくぎょう **職業** 직업	しょくぎょう　　き せん **職業には貴賤がない。** 직업에는 귀천이 없다.
職業	職業には貴賤がない。

しょくひん **食品** 식품	さいきん　　　　　　　しょくひん　　た **最近はダイエット食品をよく食べる。** 최근에는 다이어트 식품을 자주 먹는다.
食品	最近はダイエット食品をよく食べる。

しょくぶつ **植物** 식물	しょくぶつえいようざい　　こうにゅう **植物栄養剤を購入しました。** 식물 영양제를 구입했습니다.
植物	植物栄養剤を購入しました。

こじん
個人 개인 | じょうほう
情報 정보 | りゅうしゅつ
流出 유출 | しょくぎょう
職業 직업 | き せん
貴賤 귀천 | さいきん
最近 최근 | **ダイエット** 다이어트 | しょくひん
食品 식품 | **よく** 잘/자주 | た
食べる 먹다 | しょくぶつ
植物 식품 | えいようざい
栄養剤 영양제 | こうにゅう
購入 구입

81

さ행 단어 쓰기

✏️ 문장으로 단어를 익히고 손으로 직접 써보세요

しょり **処理** 처리	はいすいしょり そう ち こ しょう 廃水処理装置が故障しました。
	폐수처리 장치가 고장 났습니다.
処理	廃水処理装置が故障しました。

しょるい **書類** 서류	にゅうがくしょるい きょう ていしゅつ 入学書類は今日までに提出しなければなりません。
	입학서류는 오늘까지 제출해야 합니다.
書類	入学書類は今日までに提出しなければなりません。

しんがく **進学** 진학	だいがくしんがく き ぼう 大学進学を希望します。
	대학 진학을 희망합니다.
進学	大学進学を希望します。

しんしゅつ **進出** 진출	こんかい し あい けっしょうせんしんしゅつ き 今回の試合で決勝戦進出が決まる。
	이번 경기로 결승전 진출이 결정된다.
進出	今回の試合で決勝戦進出が決まる。

はいすい しょ り そう ち こ しょう にゅうがく しょるい きょう
廃水 폐수 | 処理 처리 | 装置 장치 | 故障 고장 | 入学 입학 | 書類 서류 | 今日 오늘
ていしゅつ だいがく しんがく き ぼう こんかい し あい けっ
| 提出 제출 | 大学 대학 | 進学 진학 | 希望 희망 | 今回 이번 | 試合 경기/시합 | 決
しょうせん しんしゅつ き
勝戦 결승전 | 進出 진출 | 決まる 결정되다/(승부의)판결이 나다

さ행 단어 쓰기

✎ 문장으로 단어를 익히고 손으로 직접 써보세요

しんごう **信号** 신호	あかしんごう　と 赤信号で止まってください。
	적신호에 멈춰주세요.
信号	赤信号で止まってください。

しんよう **信用** 신용	しんよう　　　　ゆうししんせい　ふ か のう 信用がなければ融資申請が不可能だ。
	신용이 없으면 대출 신청이 불가능하다.
信用	信用がなければ融資申請が不可能だ。

しんさつ **診察** 진찰	しんさつ　う　　　　にゅういん 診察を受けてから入院した。
	진찰을 받고 나서 입원했다.
診察	診察を受けてから入院した。

しんせき **親戚** 친척	しゅくさいじつ　　しんせき　みなあつ 祝祭日には親戚が皆集まる。
	명절에는 친척들이 모두 모인다.
親戚	祝祭日には親戚が皆集まる。

あかしんごう
赤信号 적신호 | と 止まる 멈추다 | しんよう 信用 신용 | ゆうし 融資 융자/대출 | しんせい 申請 신청 | ふ か のう 不可能 불가능 | しんさつ 診察 진찰 | う 受ける 받다 | にゅういん 入院 입원 | しゅくさいじつ 祝祭日 명절 | しんせき 親戚 친척 | みな 皆 모두 | あつ 集まる 모이다

さ행 단어 쓰기

✏️ 문장으로 단어를 익히고 손으로 직접 써보세요

しん や **深夜** 심야	タクシーは<ruby>深夜<rt>しん や</rt></ruby><ruby>割増料金<rt>わりましりょうきん</rt></ruby>がある。
	택시는 심야 할증 요금이 있다.
深夜	タクシーは深夜割増料金がある。

じんこう **人工** 인공	この<ruby>村<rt>むら</rt></ruby>には<ruby>美<rt>うつく</rt></ruby>しい<ruby>人工湖<rt>じんこうみずうみ</rt></ruby>があります。
	이 마을에는 아름다운 인공호수가 있습니다.
人工	この村には美しい人工湖があります。

じんこう **人口** 인구	<ruby>毎年<rt>まいとし</rt></ruby><ruby>人口<rt>じんこう</rt></ruby>が<ruby>減<rt>へ</rt></ruby>っています。
	매년 인구가 줄어들고 있습니다.
人口	毎年人口が減っています。

じんせい **人生** 인생	<ruby>今<rt>いま</rt></ruby>が<ruby>私<rt>わたし</rt></ruby>の<ruby>人生<rt>じんせい</rt></ruby>の<ruby>全盛期<rt>ぜんせいき</rt></ruby>だ。
	지금이 내 인생의 전성기이다.
人生	今が私の人生の全盛期だ。

タクシー 택시 | 深夜しん や 심야 | 割増わりまし 할증 | 料金りょうきん 요금 | この 이 | 村むら 마을 | 美うつくしい
아름답다 | 人工じんこう 인공 | 湖みずうみ 호수 | 毎年·毎年まいねん まいとし 매년 | 人口じんこう 인구 | 減へる 줄다/적어지다 |
今いま 지금 | 私わたし 나/저 | 人生じんせい 인생 | 全盛期ぜんせいき 전성기

さ행 단어 쓰기

✎ 문장으로 단어를 익히고 손으로 직접 써보세요

すいえい **水泳** 수영	すいえい けんこう 水泳は健康にとてもよい。 수영은 건강에 매우 좋다.
水泳	水泳は健康にとてもよい。

すいみん **睡眠** 수면	じゅうぶん きゅうそく すいみん と 十分な休息と睡眠を取らなければなりません。 충분한 휴식과 수면을 취해야 합니다.
睡眠	十分な休息と睡眠を取らなければなりません。

せ かい **世界** 세계	はは いっしょ せ かいいっしゅう 母と一緒に世界一周をしました。 어머니와 함께 세계 일주를 했습니다.
世界	母と一緒に世界一周をしました。

せいかつ **生活** 생활	りょう せいかつき そく きび 寮の生活規則は厳しいです。 기숙사의 생활 규칙은 엄격합니다.
生活	寮の生活規則は厳しいです。

すいえい　き そく　けんこう
水泳 수영 | 健康 건강 | とても 매우 | よい 좋다 | 十分 충분 | 休息 휴식 | 睡眠
수면 | 取る 취하다 | 母 어머니 | 一緒 함께 | 世界 세계 | 一周 일주 | 寮 기숙사 |
生活 생활 | 規則 규칙 | 厳しい 엄하다

85

✏️ **문장으로 단어를 익히고 손으로 직접 써보세요**

せいげん **制限** 제한	トラックは、速度が制限されています。 화물차는 속도가 제한되어 있습니다.
制限	トラックは、速度が制限されています。

せいこう **成功** 성공	ついに禁煙に成功しました。 드디어 금연에 성공했습니다.
成功	ついに禁煙に成功しました。

せいせき **成績** 성적	熱心に勉強したが成績は上がらなかった。 열심히 공부했지만 성적은 오르지 않았다.
成績	熱心に勉強したが成績は上がらなかった。

せいひん **製品** 제품	この製品は品質が優秀です。 이 제품은 품질이 우수합니다.
製品	この製品は品質が優秀です。

トラック 트럭/화물자동차 | 速度(そくど) 속도 | 制限(せいげん) 제한 | ついに 드디어/마침내/결국 |
禁煙(きんえん) 금연 | 成功(せいこう) 성공 | 熱心(ねっしん)に 열심히 | 勉強(べんきょう) 공부 | 成績(せいせき) 성적 | 上(あ)がる 오르다/나
아지다 | この 이 | 製品(せいひん) 제품 | 品質(ひんしつ) 품질 | 優秀(ゆうしゅう) 우수

さ행 단어 쓰기

✎ 문장으로 단어를 익히고 손으로 직접 써보세요

<ruby>政治<rt>せいじ</rt></ruby> 정치	<ruby>父<rt>ちち</rt></ruby>は<ruby>政治<rt>せいじ</rt></ruby>に<ruby>関心<rt>かんしん</rt></ruby>が<ruby>高<rt>たか</rt></ruby>いです。
	아버지는 정치에 관심이 많으시다.
政治	父は政治に関心が高いです。

<ruby>製造<rt>せいぞう</rt></ruby> 제조	<ruby>化粧品<rt>けしょうひん</rt></ruby><ruby>製造<rt>せいぞう</rt></ruby><ruby>工場<rt>こうじょう</rt></ruby>で<ruby>火事<rt>かじ</rt></ruby>が<ruby>起<rt>お</rt></ruby>こった。
	화장품 제조 공장에서 화재가 일어났다.
製造	化粧品製造工場で火事が起こった。

<ruby>整理<rt>せいり</rt></ruby> 정리	きちんと<ruby>机<rt>つくえ</rt></ruby>の<ruby>整理<rt>せいり</rt></ruby>をしました。
	깔끔하게 책상 정리를 했습니다.
整理	きちんと机の整理をしました。

<ruby>設計<rt>せっけい</rt></ruby> 설계	<ruby>高層<rt>こうそう</rt></ruby>ビルの<ruby>設計<rt>せっけい</rt></ruby><ruby>図面<rt>ずめん</rt></ruby>を<ruby>作製<rt>さくせい</rt></ruby>しています。
	고층빌딩의 설계 도면을 제작하고 있습니다.
設計	高層ビルの設計図面を作製しています。

<ruby>父<rt>ちち</rt></ruby> 아버지｜<ruby>政治<rt>せいじ</rt></ruby> 정치｜<ruby>関心<rt>かんしん</rt></ruby> 관심｜<ruby>高<rt>たか</rt></ruby>い 많다｜<ruby>化粧品<rt>けしょうひん</rt></ruby> 화장품｜<ruby>製造<rt>せいぞう</rt></ruby> 제조｜<ruby>工場<rt>こうじょう</rt></ruby> 공장｜<ruby>火事<rt>かじ</rt></ruby> 화재｜<ruby>起<rt>お</rt></ruby>こる 일어나다/발생하다｜きちんと 깔끔히/말끔히｜<ruby>机<rt>つくえ</rt></ruby> 책상｜<ruby>整理<rt>せいり</rt></ruby> 정리｜<ruby>高層<rt>こうそう</rt></ruby> 고층｜ビル 빌딩｜<ruby>設計<rt>せっけい</rt></ruby> 설계｜<ruby>図面<rt>ずめん</rt></ruby> 도면｜<ruby>作製<rt>さくせい</rt></ruby> 제작

さ행 단어 쓰기

✏️ 문장으로 단어를 익히고 손으로 직접 써보세요

せつめい **説明** 설명	せんせい　わ　　　　　　　　せつめい 先生は分かりやすく説明してくれた。 선생님은 이해하기 쉽게 설명해주셨다.
説明	先生は分かりやすく説明してくれた。

せつやく **節約** 절약	ちかみち　い　　　　　じかん　せつやく 近道を行けば時間が節約できます。 지름길로 가면 시간이 절약됩니다.
節約	近道を行けば時間が節約できます。

せんしゅ **選手** 선수	かれ　ゆうめい　　　　　　　　　　せんしゅ 彼は有名なバスケットボール選手です。 그는 유명한 농구선수입니다.
選手	彼は有名なバスケットボール選手です。

せんたく **選択** 선택	せんたく　じゆう 選択は自由です。 선택은 자유입니다.
選択	選択は自由です。

せんせい　　　　　　　　　　わ　　　　　　　　　　　　　　　　　　　　　　　　　　　せつめい　　　　　　ちかみち
先生 선생님 | 分かる 알다/이해할 수 있다 | やすい 쉽다/싸다 | 説明 설명 | 近道 지름길
い　　　　　　じかん　　　　　せつやく　　　　　かれ　　　ゆうめい
| 行く 가다 | 時間 시간 | 節約 절약 | 彼 그 | 有名だ 유명하다 | バスケットボール
せんしゅ　　　　せんたく　　　　じゆう
농구 | 選手 선수 | 選択 선택 | 自由 자유

さ행 단어 쓰기

✏️ **문장으로 단어를 익히고 손으로 직접 써보세요**

せんこう **専攻** 전공	わたし　に ほん ご　　せんこう 私は日本語を専攻しました。 저는 일본어를 전공했습니다.
専攻	私は日本語を専攻しました。

せんもん **専門** 전문	せんもん か　じょげん　ひつよう 専門家の助言が必要です。 전문가의 조언이 필요합니다.
専門	専門家の助言が必要です。

せんそう **戦争** 전쟁	あ す　せんそうえい が　み　い 明日は戦争映画を見に行きます。 내일은 전쟁 영화를 보러 갑니다.
戦争	明日は戦争映画を見に行きます。

ぜんこく **全国** 전국	ぜんこくかく ち　あめ　ふ 全国各地に雨が降っています。 전국 각지에 비가 내리고 있습니다.
全国	全国各地に雨が降っています。

わたし
私 나/저 | に ほん ご
日本語 일본어 | せんこう
専攻 전공 | せんもん か
専門家 전문가 | じょげん
助言 조언 | ひつよう
必要 필요 |
あ す
明日 내일 | せんそう
戦争 전쟁 | えい が
映画 영화 | み
見る 보다 | い
行く 가다 | ぜんこく
全国 전국 | かく ち
各地 각지
| あめ
雨 비 | ふ
降る (눈·비 등이)내리다

さ행 단어 쓰기

✏️ 문장으로 단어를 익히고 손으로 직접 써보세요

そ ふ **祖父** 할아버지	そ ふ じゅうねんまえ な 祖父は10年前に亡くなりました。
	할아버지는 10년 전에 돌아가셨습니다.
祖父	祖父は10年前に亡くなりました。

そうだん **相談** 상담	ご ご しん ろ そうだん 午後には進路相談があります。
	오후에는 진로 상담이 있습니다.
相談	午後には進路相談があります。

そう じ **掃除** 청소	はは まいにちいえ そう じ 母は毎日家の掃除をします。
	엄마는 매일 집 청소를 합니다.
掃除	母は毎日家の掃除をします。

そつぎょう **卒業** 졸업	だいがく そつぎょう ついに大学を卒業しました。
	드디어 대학을 졸업했습니다.
卒業	ついに大学を卒業しました。

そ ふ
祖父 할아버지 | じゅうねん
10年 10년 | まえ
前 ~전 | な
亡くなる 죽다/돌아가다 | ご ご
午後 오후 | しん ろ
進路
진로 | そうだん
相談 상담 | はは
母 엄마 | まいにち
毎日 매일 | いえ
家 집 | そう じ
掃除 청소 | ついに 드디어/마침내/결국
| だいがく
大学 대학 | そつぎょう
卒業 졸업

90

✏️ **문장으로 단어를 익히고 손으로 직접 써보세요**

たいいん **退院** 퇴원	たいいん ご　　つういん ち りょう　う 退院後も通院治療を受けなければなりません。 퇴원 후에도 통원치료를 받아야 합니다.
退院	退院後も通院治療を受けなければなりません。

たいしょう **対象** 대상	こ ども　　たいしょう　　　　　　　たいかい 子供を対象とするスケート大会があります。 어린이를 대상으로 하는 스케이트 대회가 있습니다.
対象	子供を対象とするスケート大会があります。

たい ど **態度** 태도	かれ　おうへい　たい ど　この 彼の横柄な態度は好ましくない。 그의 거만한 태도는 바람직하지 않다.
態度	彼の横柄な態度は好ましくない。

たいふう **台風** 태풍	たいふう　　　　　のうさくぶつ　ひ がい　しんこく 台風による農作物の被害が深刻だ。 태풍으로 인한 농작물 피해가 심각하다.
台風	台風による農作物の被害が深刻だ。

たいいん 退院 퇴원 | ご ~後 ~후 | つういん 通院 통원 | ち りょう 治療 치료 | う 受ける 받다 | こ ども 子供 아이 | たいしょう 対象 대상 | スケート 스케이트 | たいかい 大会 대회 | かれ 彼 그 | おうへい 横柄 거만 | たい ど 態度 태도 | この 好ましい 바람직하다 | たいふう 台風 태풍 | のうさくぶつ 農作物 농작물 | ひ がい 被害 피해 | しんこく 深刻 심각

た행 단어 쓰기

✏️ **문장으로 단어를 익히고 손으로 직접 써보세요**

単語(たんご)	知(し)らない英単語(えいたんご)がまだ多(おお)いです。
단어	모르는 영어단어가 아직도 많습니다.
単語	知らない英単語がまだ多いです。

誕生日(たんじょうび)	誕生日(たんじょうび)プレゼントでかわいい人形(にんぎょう)をもらいました。
생일	생일 선물로 예쁜 인형을 받았습니다.
誕生日	誕生日プレゼントでかわいい人形をもらいました。

担当(たんとう)	課長(かちょう)は編集業務(へんしゅうぎょうむ)を担当(たんとう)しています。
담당	과장님은 편집 업무를 담당하고 계십니다.
担当	課長は編集業務を担当しています。

団体(だんたい)	宗教団体(しゅうきょうだんたい)では寄付活動(きふかつどう)をしています。
단체	종교단체에서는 기부활동을 하고 있습니다.
団体	宗教団体では寄付活動をしています。

知(し)る 알다 | 単語(たんご) 단어 | まだ 아직 | 多(おお)い 많음 | 誕生日(たんじょうび) 생일 | プレゼント 선물 |
かわいい 귀엽다/예쁘다 | 人形(にんぎょう) 인형 | 課長(かちょう) 과장 | 編集(へんしゅう) 편집 | 業務(ぎょうむ) 업무 | 担当(たんとう) 담
당 | 宗教(しゅうきょう) 종교 | 団体(だんたい) 단체 | 寄付(きふ) 기부 | 活動(かつどう) 활동

た행 단어 쓰기

✏️ 문장으로 단어를 익히고 손으로 직접 써보세요

ちいき **地域** 지역	この地域の特産品はりんごです。
	이 지역의 특산품은 사과입니다.
地域	この地域の特産品はりんごです。

ちきゅう **地球** 지구	ちきゅう まる 地球は丸い。
	지구는 둥글다.
地球	地球は丸い。

ちず **地図** 지도	ちず み やま のぼ 地図を見ながら山に登りました。
	지도를 보면서 산에 올랐습니다.
地図	地図を見ながら山に登りました。

ちしき **知識** 지식	せんせい ちしき ほうふ ひと 先生は知識が豊富な人です。
	선생님은 지식이 풍부한 사람입니다.
知識	先生は知識が豊富な人です。

ちいき とくさんひん ちきゅう まる
この 이 | 地域 지역 | 特産品 특산품 | りんご 사과 | 地球 지구 | 丸い 둥글다 |
ちず み やま のぼ せんせい ちしき
地図 지도 | 見る 보다 | 山 산 | 登る (높은 곳으로)올라가다 | 先生 선생님 | 知識 지식
ほうふ ひと
| 豊富 풍부 | 人 사람

た행 단어 쓰기

✎ 문장으로 단어를 익히고 손으로 직접 써보세요

ちりょう **治療** 치료	こうつう じ こ いこう ちりょう う 交通事故以降、ずっと治療を受けています。
	교통사고 이후, 계속 치료를 받고 있습니다.
治療	交通事故以降、ずっと治療を受けています。

ちゅうおう **中央** 중앙	ちゅうおう お テーブルを中央に置く。
	테이블을 중앙에 놓다.
中央	テーブルを中央に置く。

ちゅうし **中止** 중지	おおあめ しあい ちゅうし 大雨のため試合が中止になった。
	폭우로 인해 시합이 중지되었다.
中止	大雨のため試合が中止になった。

ちゅうしん **中心** 중심	かれ わ だい ちゅうしんじんぶつ 彼は話題の中心人物だ。
	그는 화제의 중심인물이다.
中心	彼は話題の中心人物だ。

こうつう 交通 교통 | じこ 事故 사고 | いこう 以降 이후 | ずっと 계속 | ちりょう 治療 치료 | う 受ける 받다 |
テーブル 테이블 | ちゅうおう 中央 중앙 | お 置く 놓다/두다 | おおあめ 大雨 큰비 | しあい 試合 시합 | ちゅうし 中止 중지 |
かれ 彼 그 | わだい 話題 화제 | ちゅうしん 中心 중심 | じんぶつ 人物 인물

94

た행 단어 쓰기

✎ 문장으로 단어를 익히고 손으로 직접 써보세요

ちゅうしゃ **駐車** 주차	ここは駐車禁止区域です。
	여기는 주차금지 구역입니다.
駐車	ここは駐車禁止区域です。

ちゅうしょく **昼食** 점심	今日は忙しくて昼食を食べられませんでした。
	오늘은 바빠서 점심을 못 먹었습니다.
昼食	今日は忙しくて昼食を食べられませんでした。

ちゅうもん **注文** 주문	カレーとコーラを注文しました。
	카레와 콜라를 주문했습니다.
注文	カレーとコーラを注文しました。

ちょきん **貯金** 저금	小銭は貯金します。
	잔돈은 저금합니다.
貯金	小銭は貯金します。

ここ 여기/이곳 | 駐車 주차 | 禁止 금지 | 区域 구역 | 今日 오늘 | 忙しい 바쁘다/
겨를이 없다 | 昼食 점심 | 食べる 먹다 | カレー 카레 | コーラ 콜라 | 注文 주문 |
小銭 잔돈 | 貯金 저금

✎ 문장으로 단어를 익히고 손으로 직접 써보세요

ちょう さ **調査** 조사	この事件はまだ調査中です。 <small>じ けん　　　　　　　ちょう さ ちゅう</small> 이 사건은 아직 조사중입니다.
調査	この事件はまだ調査中です。

ちょうじょう **頂上** 정상	山の頂上に登った時の喜びは非常に大きい。 <small>やま　ちょうじょう　のぼ　　　とき　よろこ　　　　ひじょう　　おお</small> 산 정상에 올랐을 때 느끼는 기쁨은 매우 크다.
頂上	山の頂上に登った時の喜びは非常に大きい。

つ ごう **都合** 형편, 사정	今日は都合が悪いので欠席します。 <small>きょう　つ ごう　わる　　　　けっせき</small> 오늘은 사정이 좋지 않아서 결석하겠습니다.
都合	今日は都合が悪いので欠席します。

つうこう **通行** 통행	この道は工事中につき、通行を禁止します。 <small>みち　こう じ ちゅう　　　　つうこう　きん し</small> 이 길은 공사 중이므로 통행을 금지합니다.
通行	この道は工事中につき、通行を禁止します。

<small>じ けん</small> 事件 사건 | まだ 아직 | <small>ちょう さ</small> 調査 조사 | <small>ちゅう</small> 中 ~중 | <small>やま</small> 山 산 | <small>ちょうじょう</small> 頂上 정상 | <small>のぼ</small> 登る 올라가다 |
<small>とき</small> 時 때 | <small>よろこ</small> 喜び 기쁨 | <small>ひじょう</small> 非常に 매우/상당히 | <small>おお</small> 大きい 크다 | <small>きょう</small> 今日 오늘 | <small>つ ごう</small> 都合 형편/사정
| <small>わる</small> 悪い 나쁘다/좋지 않다 | <small>けっせき</small> 欠席 결석 | <small>みち</small> 道 길 | <small>こう じ</small> 工事 공사 | <small>つうこう</small> 通行 통행 | <small>きん し</small> 禁止 금지

た행 단어 쓰기

✏️ 문장으로 단어를 익히고 손으로 직접 써보세요

ていきょう **提供** 제공	ぶしょ しりょう ていきょう う ほかの部署から資料の提供を受けた。
	다른 부서에서 자료를 제공 받았다.
提供	ほかの部署から資料の提供を受けた。

ていしゅつ **提出** 제출	か だいていしゅつ き かん す 課題提出期間が過ぎました。
	과제 제출 기간이 지났습니다.
提出	課題提出期間が過ぎました。

てい ど **程度** 정도	てい ど じゅうぶん この程度なら十分です。
	이 정도면 충분합니다.
程度	この程度なら十分です。

てつどう **鉄道** 철도	てつどうこうじ らいげつ お 鉄道工事は来月に終わります。
	철도 공사는 다음 달에 끝납니다.
鉄道	鉄道工事は来月に終わります。

ほか 다른 것/(어느 범위)바깥 | 部署 부서 | ~から ~부터/~에서 | 資料 자료 | 提供 제공
| 受ける 받다 | 課題 과제 | 提出 제출 | 期間 기간 | 過ぎる (시간·기한이)지나다/끝나다
| 程度 정도 | 十分 충분 | 鉄道 철도 | 工事 공사 | 来月 다음달 | 終わる 끝나다

た행 단어 쓰기

✎ 문장으로 단어를 익히고 손으로 직접 써보세요

てんいん **店員** 점원	この店の店員は親切です。
	이 가게의 점원은 친절합니다.
店員	この店の店員は親切です。

てん き **天気** 날씨	天気予報は外れた。
	일기(날씨)예보는 빗나갔다.
天気	天気予報は外れた。

でん き **電気** 전기	電気ストーブを購入しようと思います。
	전기난로를 구입하려고 합니다.
電気	電気ストーブを購入しようと思います。

でんとう **電灯** 전등	電灯に虫たちが寄り集まった。
	전등에 벌레들이 모여들었다.
電灯	電灯に虫たちが寄り集まった。

この 이 | 店 가게/상점 | 店員 점원 | 親切 친절 | 天気予報 일기(날씨)예보 | 外れる 빗나가다 | 電気 전기 | ストーブ 난로 | 購入 구입 | 思う 생각하다 | 電灯 전등 | 虫 벌레 | 寄り集まる (많은 것들이)한데 모여들다/모이다

た행 단어 쓰기

🖌 문장으로 단어를 익히고 손으로 직접 써보세요

でんせん **伝染** 전염	ちょうえん　でんせんびょう 腸炎は伝染病です。 장염은 전염병입니다.
伝染	腸炎は伝染病です。

と　し **都市** 도시	うつく　　と　し 美しい都市です。 아름다운 도시입니다.
都市	美しい都市です。

と　ざん **登山** 등산	まいねん と ざんたいかい　さん か 毎年登山大会に参加します。 매년 등산대회에 참가하고 있습니다.
登山	毎年登山大会に参加します。

ど りょく **努力** 노력	えいご　　じょうず 英語が上手になるためにいつも努力しています。 영어를 잘하기 위해 항상 노력하고 있습니다.
努力	英語が上手になるためにいつも努力しています。

ちょうえん
腸炎 장염 | でんせんびょう
伝染病 전염병 | うつく
美しい 아름답다 | と し
都市 도시 | まいねん
毎年 매년 | と ざん
登山 등산 |
たいかい
大会 대회 | さん か
参加 참가 | えいご
英語 영어 | じょう ず
上手 잘함/능숙함 | **いつも** 항상/언제나 | ど りょく
努力

노력

た행 단어 쓰기

✏️ 문장으로 단어를 익히고 손으로 직접 써보세요

とういつ 統一 ┈┈┈┈┈ 통일	おな いろ とういつ カーテンは同じ色で統一してください。 ┈┈┈┈┈ 커튼은 같은 색으로 통일해주세요.
統一	カーテンは同じ色で統一してください。

とうじつ 当日 ┈┈┈┈┈ 당일	かいしゃ たくはい とうじつはいたつ か のう この会社の宅配は当日配達が可能です。 ┈┈┈┈┈ 이 회사의 택배는 당일 배달이 가능합니다.
当日	この会社の宅配は当日配達が可能です。

どうりょう 同僚 ┈┈┈┈┈ 동료	しょく ば どうりょう ゆうはん た 職場の同僚と夕飯を食べました。 ┈┈┈┈┈ 직장 동료와 저녁을 먹었습니다.
同僚	職場の同僚と夕飯を食べました。

どう ろ 道路 ┈┈┈┈┈ 도로	どうろ こうつうじ こ お この道路は交通事故がたくさん起こります。 ┈┈┈┈┈ 이 도로는 교통사고가 많이 일어납니다.
道路	この道路は交通事故がたくさん起こります。

カーテン 커튼 | 同じ 같음/동일 | 色 색 | 統一 통일 | 会社 회사 | 宅配 택배 | 当日
당일 | 配達 배달 | 可能 가능 | 職場 직장 | 同僚 동료 | 夕飯 저녁밥 | 食べる 먹다 |
道路 도로 | 交通 교통 | 事故 사고 | たくさん 많음 | 起こる 일어나다/발생하다

100

✏️ **문장으로 단어를 익히고 손으로 직접 써보세요**

ないよう 内容	ふてきせつ ないよう さくじょ 不適切な内容は削除してください。
내용	부적절한 내용은 삭제해주세요.
内容	不適切な内容は削除してください。

なっとく 納得	じょうきょう なっとく この状況は納得できません。
납득	이 상황은 납득할 수 없습니다.
納得	この状況は納得できません。

にちじょう 日常	へいぼん にちじょう もど 平凡な日常に戻った。
일상	평범한 일상으로 돌아왔다.
日常	平凡な日常に戻った。

にっき 日記	まいにちにっき か 毎日日記を書いています。
일기	매일 일기를 쓰고 있습니다.
日記	毎日日記を書いています。

ふ てきせつ　　　　　　　 ないよう　　　　　さくじょ　　　　　　　　じょうきょう　　　　なっとく
不適切だ 부적절하다 | 内容 내용 | 削除 삭제 | この 이 | 状況 상황 | 納得 납득 |
へいぼん　　　　　　　にちじょう　　　　　もど　　　　　　　まいにち　　　にっき　　　　　か
平凡だ 평범하다 | 日常 일상 | 戻る 돌아오다 | 毎日 매일 | 日記 일기 | 書く 쓰다

101

な행~は행 단어 쓰기

✎ 문장으로 단어를 익히고 손으로 직접 써보세요

にってい **日程**	かいぎ　にってい　かくにん 会議の日程を確認してください。
일정	회의 일정을 확인해 주세요.
日程	会議の日程を確認してください。

にゅうしゃ **入社**	げつようび　にゅうしゃしけん 月曜日は入社試験があります。
입사	월요일은 입사시험이 있습니다.
入社	月曜日は入社試験があります。

にゅうじょう **入場**	にゅうじょう　なんじ 入場は何時からですか。
입장	입장은 몇 시부터 입니까?
入場	入場は何時からですか。

にんき **人気**	しょうひん　にんき この商品は人気があります。
인기	이 상품은 인기가 있습니다.
人気	この商品は人気があります。

かいぎ　　　　　にってい　　　　　かくにん　　　　　げつようび　　　　　にゅうしゃ　　　　しけん　　　　　にゅうじょう
会議 회의 | **日程** 일정 | **確認** 확인 | **月曜日** 월요일 | **入社** 입사 | **試験** 시험 | **入場**
なんじ　　　　　　　　　　　　　　　　　　しょうひん　　　　　にんき
입장 | **何時** 몇 시 | **~から** ~부터/~에서 | **この** 이 | **商品** 상품 | **人気** 인기

な행~は행 단어 쓰기

✎ 문장으로 단어를 익히고 손으로 직접 써보세요

にんげん 人間	彼は人間関係を重要と考えている。
인간	그는 인간관계를 중요하게 생각한다.
人間	彼は人間関係を重要と考えている。

ねんれい 年齢	年齢が高いほど就職が容易ではない。
연령	연령이 높을수록 취직이 쉽지 않다.
年齢	年齢が高いほど就職が容易ではない。

のうぎょう 農業	農業技術が発達しています。
농업	농업기술이 발달하고 있습니다.
農業	農業技術が発達しています。

のうりょく 能力	あなたの能力を見せてください。
능력	당신의 능력을 보여주세요.
能力	あなたの能力を見せてください。

彼 그 | 人間 인간 | 関係 관계 | 重要 중요 | 考える 생각하다 | 年齢 연령 | 高い 높다 | 就職 취직 | 容易 손쉬움/용이함 | 農業 농업 | 技術 기술 | 発達 발달 | あなた 당신 | 能力 능력 | 見せる 보이다

な행~は행 단어 쓰기

✏️ 문장으로 단어를 익히고 손으로 직접 써보세요

はいたつ **配達** 배달	まいにちぎゅうにゅうはいたつ 毎日牛乳配達をしています。
	매일 우유배달을 하고 있습니다.
配達	毎日牛乳配達をしています。

ばいてん **売店** 매점	がっこう　　ばいてん 学校に売店があります。
	학교에 매점이 있습니다.
売店	学校に売店があります。

はっけん **発見** 발견	い ぶつ　　はっけん　　　ば しょ ここは遺物が発見された場所です。
	이곳은 유물이 발견된 장소입니다.
発見	ここは遺物が発見された場所です。

はっこう **発行** 발행	まいつき　ざっ し　　はっこう 毎月、雑誌が発行されます。
	매월, 잡지가 발행됩니다.
発行	毎月、雑誌が発行されます。

まいにち
毎日 매일 | ぎゅうにゅう
牛乳 우유 | はいたつ
配達 배달 | がっこう
学校 학교 | ばいてん
売店 매점 | **ここ** 여기/이곳 | い ぶつ
遺物
유물 | はっけん
発見 발견 | ば しょ
場所 장소 | まいつき
毎月 매월 | ざっ し
雑誌 잡지 | はっこう
発行 발행

な행~は행 단어 쓰기

✎ 문장으로 단어를 익히고 손으로 직접 써보세요

はったつ **発達** 발달	しょうぎょう はったつ と し 商業が発達した都市です。 상업이 발달한 도시입니다.
発達	商業が発達した都市です。

はってん **発展** 발전	かいしゃ はってん か のうせい その会社は発展の可能性がありません。 그 회사는 발전 가능성이 없습니다.
発展	その会社は発展の可能性がありません。

はっぴょう **発表** 발표	けっ か はっぴょう まもなく結果が発表されます。 곧, 결과가 발표됩니다.
発表	まもなく結果が発表されます。

はん い **範囲** 범위	し けん はん い し 試験の範囲を知りません。 시험 범위를 모릅니다.
範囲	試験の範囲を知りません。

しょうぎょう　　　 はったつ　　　　 と し　　　　　　　　　　　 かいしゃ　　　 はってん　　　　 か のうせい
商業 상업 | 発達 발달 | 都市 도시 | その 그 | 会社 회사 | 発展 발전 | 可能性 가능
けっ か　　　　　　　　　 はっぴょう　　　 し けん　　　 はん い　　　　 し
성 | まもなく 곧/머지않아 | 結果 결과 | 発表 발표 | 試験 시험 | 範囲 범위 | 知る

알다

105

✎ 문장으로 단어를 익히고 손으로 직접 써보세요

はんばい **販売** 판매	さんぜんごひゃくえん はんばい このシャツは3,500円で販売されています。 이 셔츠는 3,500엔에 판매되고 있습니다.
販売	このシャツは3,500円で販売されています。

ばんごう **番号** 번호	でんわ ばんごう おし 電話番号を教えてください。 전화번호를 가르쳐주세요.
番号	電話番号を教えてください。

ひ がい **被害** 피해	こうずい ひ がい しんこく 洪水による被害が深刻です。 홍수로 인한 피해가 심각합니다.
被害	洪水による被害が深刻です。

ひ みつ **秘密** 비밀	かのじょ ひ みつ おお 彼女は秘密が多い。 그녀는 비밀이 많다.
秘密	彼女は秘密が多い。

この 이 | シャツ 셔츠 | 円 ~엔(일본의 화폐단위) | 販売 판매 | 電話 전화 | 番号 번호 | 教える 가르치다 | 洪水 홍수 | 被害 피해 | 深刻 심각 | 彼女 그녀 | 秘密 비밀 | 多い 많음

は행 단어 쓰기

✎ 문장으로 단어를 익히고 손으로 직접 써보세요

ひ はん 批判 비판	あいて　　ひ はん 相手を批判するつもりはまったくない。 상대를 비판할 생각은 전혀 없다.
批判	相手を批判するつもりはまったくない。

ひ よう 費用 비용	すく　　 ひ よう 　　す てき 少ない費用で素敵なインテリアにした。 적은 비용으로 멋진 인테리어를 했다.
費用	少ない費用で素敵なインテリアにした。

ひつよう 必要 필요	え の ぐ　ひつよう 絵具が必要です。 그림물감이 필요합니다.
必要	絵具が必要です。

ひょう か 評価 평가	すいよう び　えい ご き　と　ひょう か 水曜日は英語聞き取り評価をします。 수요일은 영어 듣기평가를 합니다.
評価	水曜日は英語聞き取り評価をします。

あい て
相手 상대 | ひ はん
批判 비판 | つもり 생각/작정 | まったく 전혀 | すく
少ない 적다 | ひ よう
費用
비용 | す てき
素敵だ 멋지다 | インテリア 인테리어 | え の ぐ
絵具 그림물감 | ひつよう
必要 필요 | すいよう び
水曜日
수요일 | えい ご
英語 영어 | き　と
聞き取り 듣기/청취 | ひょう か
評価 평가

は행 단어 쓰기

✎ 문장으로 단어를 익히고 손으로 직접 써보세요

ひょうげん **表現** 표현	この感動は言葉で表現できない。
	이 감동은 말로 표현할 수 없다.
表現	この感動は言葉で表現できない。

びょういん **病院** 병원	びょういん 病院はどこにありますか。
	병원은 어디에 있습니까?
病院	病院はどこにありますか。

ふ まん **不満** 불만	さいきん　ふ まん　こえ　たか 最近は不満の声が高まっている。
	최근에는 불만의 목소리가 높아졌다.
不満	最近は不満の声が高まっている。

ふくしゅう **復習** 복습	じゅぎょう　お　　　ふくしゅう 授業が終わって復習をしました。
	수업이 끝나고 복습을 했습니다.
復習	授業が終わって復習をしました。

この 이 | 感動 감동 | 言葉 말 | 表現 표현 | 病院 병원 | どこ 어디 | 最近 최근 |
不満 불만 | 声 (목)소리 | 高まる 높아지다 | 授業 수업 | 終わる 끝나다 | 復習 복습

は행 단어 쓰기

✏️ 문장으로 단어를 익히고 손으로 직접 써보세요

ぶっ か **物価** 물가	ぶっ か　　　　　あ 物価がずっと上がっています。 물가가 계속 오르고 있습니다.
物価	物価がずっと上がっています。

ふん い き **雰囲気** 분위기	ふん い き あのレストランは雰囲気がいい。 저 레스토랑은 분위기가 좋다.
雰囲気	あのレストランは雰囲気がいい。

ぶん か **文化** 문화	ぶん か　　　　　　　し スペイン文化について知りたいです。 스페인 문화에 대해 알고 싶습니다.
文化	スペイン文化について知りたいです。

ぶんしょう **文章** 문장	まいにち　えい ご　ぶんしょう　おぼ 毎日、英語の文章を覚えています。 매일 영어 문장을 외우고 있습니다.
文章	毎日、英語の文章を覚えています。

ぶっ か
物価 물가 | ずっと 쭉/계속 | 上がる 오르다/올라가다 | あの 저 | レストラン 레스토
ふん い き　　　　　　　　　　　　　　　　　　　　　　　　　ぶん か
랑 | 雰囲気 분위기 | いい 좋다 | スペイン 스페인 | 文化 문화 | ~について ~에 대해
し　　　　　まいにち　　　　　えい ご　　　　　ぶんしょう　　　　　おぼ
서 | 知る 알다 | 毎日 매일 | 英語 영어 | 文章 문장 | 覚える 외우다/기억하다

は행 단어 쓰기

✏️ 문장으로 단어를 익히고 손으로 직접 써보세요

へんか **変化**	おんど へんか びんかん ひと 温度の変化に敏感な人がいる。
변화	온도변화에 민감한 사람이 있다.
変化	温度の変化に敏感な人がいる。

ぼしゅう **募集**	しゃいん ぼしゅうこうこく み にゅうしゃ しがん 社員の募集広告を見て入社を志願した。
모집	사원의 모집 광고를 보고 입사 지원을 했다.
募集	社員の募集広告を見て入社を志願した。

ぼうえき **貿易**	ぼうえきがいしゃ うんえい ユナさんは貿易会社を運営しています。
무역	유나 씨는 무역회사를 운영하고 있습니다.
貿易	ユナさんは貿易会社を運営しています。

ほうほう **方法**	ほうほう がいこくご べんきょう さまざまな方法で外国語の勉強をしている。
방법	다양한 방법으로 외국어 공부를 하고 있다.
方法	さまざまな方法で外国語の勉強をしている。

おんど
温度 온도 | へんか
変化 변화 | びんかん
敏感 민감 | ひと
人 사람 | しゃいん
社員 사원 | ぼしゅう
募集 모집 | こうこく
広告 광고 | み
見る 보다 | にゅうしゃ
入社 입사 | しがん
志願 지원 | ぼうえきがいしゃ
貿易会社 무역회사 | うんえい
運営 운영 | **さまざま** 다양 | ほうほう
方法 방법 | がいこくご
外国語 외어어 | べんきょう
勉強 공부

✎ 문장으로 단어를 익히고 손으로 직접 써보세요

まんぞく **満足** 만족	しけん てんすう まんぞく 試験の点数に満足できなかった。 시험 점수에 만족하지 못했다.
満足	試験の点数に満足できなかった。

みらい **未来** 미래	みらい よそく 未来が予測できない。 미래를 예측할 수 없다.
未来	未来が予測できない。

む りょう **無料** 무료	の もの む りょう この飲み物は無料です。 이 음료는 무료입니다.
無料	この飲み物は無料です。

めいれい **命令** 명령	わたし めいれい 私に命令しないでください。 저에게 명령하지 마세요.
命令	私に命令しないでください。

しけん 試験 시험 | てんすう 点数 점수 | まんぞく 満足 만족 | みらい 未来 미래 | よそく 予測 예측 | の もの この 이 | 飲み物 음료/
마실 것 | むりょう 無料 무료 | わたし 私 나/저 | めいれい 命令 명령

111

ま행~や행 단어 쓰기

✏️ 문장으로 단어를 익히고 손으로 직접 써보세요

めんきょ **免許**	飲酒運転で免許が取り消されました。 <small>いんしゅうんてん めんきょ と け</small>
면허	음주운전으로 면허가 취소되었습니다.
免許	飲酒運転で免許が取り消されました。

めんせつ **面接**	面接試験は来週の月曜日です。 <small>めんせつ し けん らいしゅう げつよう び</small>
면접	면접시험은 다음 주 월요일입니다.
面接	面接試験は来週の月曜日です。

もくてき **目的**	英国を訪問した目的は、旅行をするためだ。 <small>えいこく ほうもん もくてき りょこう</small>
목적	영국을 방문한 목적은 여행을 하기 위해서다.
目的	英国を訪問した目的は、旅行をするためだ。

もくひょう **目標**	今年の目標は禁煙です。 <small>ことし もくひょう きんえん</small>
목표	올해의 목표는 금연입니다.
目標	今年の目標は禁煙です。

飲酒 음주 | 運転 운전 | 免許 면허 | 取り消す 취소되다 | 面接 면접 | 試験 시험 |
来週 다음 주 | 月曜日 월요일 | 英国・イギリス 영국 | 訪問 방문 | 目的 목적 | 旅行
여행 | 今年 올해 | 目標 목표 | 禁煙 금연

ま행~や행 단어 쓰기

✏️ **문장으로 단어를 익히고 손으로 직접 써보세요**

野菜 (や さい)	野菜の値段が上がりました。(や さい / ね だん / あ)
채소	채소 가격이 올랐습니다.
野菜	野菜の値段が上がりました。

約束 (やくそく)	彼は約束を守りません。(かれ / やくそく / まも)
약속	그는 약속을 지키지 않습니다.
約束	彼は約束を守りません。

勇気 (ゆう き)	勇気がなければ挑戦できない。(ゆう き / ちょうせん)
용기	용기가 없다면 도전할 수 없다.
勇気	勇気がなければ挑戦できない。

郵便 (ゆうびん)	書類は郵便で送ってください。(しょるい / ゆうびん / おく)
우편	서류는 우편으로 보내주세요.
郵便	書類は郵便で送ってください。

野菜(や さい) 채소 | 値段(ね だん) 가격 | 上がる(あ) 오르다 | 彼(かれ) 그 | 約束(やくそく) 약속 | 守る(まも) 지키다 | 勇気(ゆう き) 용기 | 挑戦(ちょうせん) 도전 | 書類(しょるい) 서류 | 郵便(ゆうびん) 우편 | 送る(おく) 보내다

ま행~や행 단어 쓰기

✎ 문장으로 단어를 익히고 손으로 직접 써보세요

よ さん **予算** ······ 예산	**きょねん くら よ さん げんしょう** 去年に比べて予算が減少した。
	작년에 비해 예산이 감소했다.
予算	去年に比べて予算が減少した。

よ そう **予想** ······ 예상	**よ そう** 予想していたことです。
	예상했던 일입니다.
予想	予想していたことです。

よ てい **予定** ······ 예정	**じゅういち がつ よ ていどお ひ こ** 11月は予定通りに引っ越すつもりです。
	11월은 예정대로 이사 갈 생각입니다.
予定	11月は予定通りに引っ越すつもりです。

よ ぼう **予防** ······ 예방	**じ さつ よ ぼうきょういく じっし** 自殺予防教育が実施されます。
	자살 예방 교육이 실시됩니다.
予防	自殺予防教育が実施されます。

きょねん 去年 작년 | **くら** 比べる 비하다/비교하다 | **よ さん** 予算 예산 | **げんしょう** 減少 감소 | **よ そう** 予想 예상 | こと 일/것 | **じゅういちがつ** 11月 11월 | **よ てい** 予定 예정 | **どお** 通りに ~대로 | **ひ こ** 引っ越す 이사하다 | つもり 생각/작정 | **じ さつ** 自殺 자살 | **よ ぼう** 予防 예방 | **きょういく** 教育 교육 | **じっし** 実施 실시

114

ま행~や행 단어 쓰기

✎ 문장으로 단어를 익히고 손으로 직접 써보세요

予約 よやく 예약	ホテルはもう予約しました。 (よやく) 호텔은 이미 예약했습니다.
予約	ホテルはもう予約しました。

余裕 よゆう 여유	今は余裕がありません。 (いま)(よゆう) 지금은 여유가 없습니다.
余裕	今は余裕がありません。

要求 ようきゅう 요구	無理な要求はしないでください。 (むり)(ようきゅう) 무리한 요구는 하지 말아주세요.
要求	無理な要求はしないでください。

用事 ようじ 볼일, 용무	急な用事ができました。 (きゅう)(ようじ) 급한 용무가 생겼습니다.
用事	急な用事ができました。

ホテル 호텔 | もう 이미/벌써 | 予約(よやく) 예약 | 今(いま) 지금 | 余裕(よゆう) 여유 | 無理(むり) 무리 | 要求(ようきゅう)
요구 | 急だ(きゅう) 급하다 | 用事(ようじ) 볼일/용무 | できる (일·무엇이)생기다/할 수 있다/가능하다

✏️ 문장으로 단어를 익히고 손으로 직접 써보세요

りょう **利用** 이용	エレベーターが故障しているので階段を利用してください。
	엘리베이터가 고장이기 때문에 계단을 이용해주세요.
利用	エレベーターが故障しているので階段を利用してください。

りかい **理解** 이해	彼の話が理解できないわけではない。
	그의 말이 이해가 안 되는 것은 아니다.
理解	彼の話が理解できないわけではない。

りゆう **理由** 이유	理由もなくしきりに涙がでる。
	이유도 없이 자꾸 눈물이 난다.
理由	理由もなくしきりに涙がでる。

りゅうがく **留学** 유학	彼女は来年、アメリカに留学に行きます。
	그녀는 내년에 미국으로 유학을 갑니다.
留学	彼女は来年、アメリカに留学に行きます。

エレベーター 엘리베이터 | 故障 고장 | 階段 계단 | 利用 이용 | 彼 그 | 話 말/이야기 | 理解 이해 | 理由 이유 | しきりに 자꾸 | 涙 눈물 | 彼女 그녀 | 来年 내년 | アメリカ 미국 | 留学 유학 | 行く 가다

ら행 단어 쓰기

✎ 문장으로 단어를 익히고 손으로 직접 써보세요

りゅうこう **流行**	りゅうこう まいとし か **流行は毎年変わる。**
유행	유행은 매년 바뀐다.
流行	流行は毎年変わる。

りょこう **旅行**	こんど きゅうか りょこう い **今度の休暇はスペインに旅行に行きます。**
여행	이번 휴가에는 스페인으로 여행갑니다.
旅行	今度の休暇はスペインに旅行に行きます。

りょうきん **料金**	に ほん りょうきん たか **日本のタクシー料金は高いです。**
요금	일본의 택시 요금은 비쌉니다.
料金	日本のタクシー料金は高いです。

りょうしん **両親**	わたし りょうしん いなか す **私の両親は田舎に住んでいます。**
부모님	나의 부모님은 시골에 살고 계십니다.
両親	私の両親は田舎に住んでいます。

りゅうこう
流行 유행 | まいとし
毎年 매년 | か
変わる 바뀌다/변하다 | こんど
今度 이번 | きゅうか
休暇 휴가 | スペイ
ン 스페인 | りょこう
旅行 여행 | い
行く 가다 | に ほん
日本 일본 | タクシー 택시 | りょうきん
料金 요금 | たか
高い
높다/비싸다 | わたし
私 나/저 | りょうしん
両親 부모님 | いなか
田舎 시골 | す
住む 살다/거처하다

117

ら행 단어 쓰기

✎ 문장으로 단어를 익히고 손으로 직접 써보세요

れいぞう こ **冷蔵庫**	れいぞう こ こしょう 冷蔵庫が故障しました。
냉장고	냉장고가 고장 났습니다.
冷蔵庫	冷蔵庫が故障しました。

れき し **歴史**	れき し べんきょう おもしろ 歴史の勉強は面白いです。
역사	역사 공부는 재미있습니다.
歴史	歴史の勉強は面白いです。

れっしゃ **列車**	れっしゃ と じ こ 列車が止まる事故がありました。
열차	열차가 멈추는 사고가 있었습니다.
列車	列車が止まる事故がありました。

れんしゅう **練習**	がいこく ご がくしゅう はつおん れんしゅう じゅうよう 外国語の学習は発音の練習も重要です。
연습	외국어 학습은 발음 연습도 중요합니다.
練習	外国語の学習は発音の練習も重要です。

れいぞう こ　　　　　こしょう　　　　れき し　　　　べんきょう　　　　おもしろ　　　　　　　れっしゃ
冷蔵庫 냉장고 | 故障 고장 | 歴史 역사 | 勉強 공부 | 面白い 재미있다 | 列車 열차
　と　　　　　　　じ こ　　　　　がいこく ご　　　　がくしゅう　　　　はつおん　　　　れんしゅう
| 止まる 멈추다 | 事故 사고 | 外国語 외국어 | 学習 학습 | 発音 발음 | 練習 연습 |
じゅうよう
重要 중요

Part 3.

형용사

✏️ 문장으로 단어를 익히고 손으로 직접 써보세요

あお **青い**	あね あお す 姉は青いワンピースが好きです。
파랗다	언니는 파란색 원피스를 좋아합니다.
青い	姉は青いワンピースが好きです。

あか **赤い**	あか 赤いりんごがおいしそうだ。
빨갛다	빨간 사과가 맛있어 보인다.
赤い	赤いりんごがおいしそうだ。

あか **明るい**	あか ほが こ 明るくて朗らかな子です。
밝다	밝고 명랑한 아이입니다.
明るい	明るくて朗らかな子です。

あたた **暖かい**	あたた ストーブがあって暖かいです。
따뜻하다	난로가 있어 따뜻합니다.
暖かい	ストーブがあって暖かいです。

あね あお あか
姉 언니/누나 | 青い 파랗다 | ワンピース 원피스 | 好きだ 좋아하다 | 赤い 빨갛다 |
あか ほが こ
りんご 사과 | おいしい 맛있다 | 明るい 밝다 | 朗らか 명랑 | 子 아이 | ストーブ
あたた
난로 | 暖かい 따뜻하다

[い형용사] あ행~か행 단어 쓰기

✎ 문장으로 단어를 익히고 손으로 직접 써보세요

あつ 暑い	あつ てん き つづ 暑い天気が続いています。
덥다	더운 날씨가 계속되고 있습니다.
暑い	暑い天気が続いています。

あつ 厚い	ほん あつ この本は厚いです。
두껍다	이 책은 두껍습니다.
厚い	この本は厚いです。

あつ 熱い	ふ ろ ゆ あつ お風呂のお湯がとても熱いです。
뜨겁다	목욕물이 너무 뜨겁습니다.
熱い	お風呂のお湯がとても熱いです。

いそが 忙しい	きょう いそが 今日はとても忙しいです。
바쁘다	오늘은 매우 바쁩니다.
忙しい	今日はとても忙しいです。

あつ てん き つづ ほん あつ ふ あつ
暑い 덥다 | 天気 날씨 | 続く 계속하다/계속되다 | この 이 | 本 책 | 厚い·分厚い
ふ ろ ゆ あつ
두껍다 | お風呂 목욕/욕실 | お湯 끓인 물/더운 목욕물 | とても 매우 | 熱い 뜨겁다 |
きょう いそが
今日 오늘 | 忙しい 바쁘다

[い형용사] あ행~か행 단어 쓰기

✎ 문장으로 단어를 익히고 손으로 직접 써보세요

_{いた} **痛い** 아프다	_{おとうと} _{あたま} _{いた} 弟は頭が痛いそうです。 남동생은 머리가 아프다고 합니다.
痛い	弟は頭が痛いそうです。

_{うつく} **美しい** 아름답다	_{かのじょ} _{あい か} _{うつく} 彼女は相変わらず美しいです。 그녀는 여전히 아름답습니다.
美しい	彼女は相変わらず美しいです。

_{うらや} **羨ましい** 부럽다	_{えい ご} _{じょう ず} _{ともだち} _{うらや} 英語が上手な友達が羨ましいです。 영어를 잘하는 친구가 부럽습니다.
羨ましい	英語が上手な友達が羨ましいです。

_{うれ} **嬉しい** 기쁘다	_{し けん} _{ごうかく} _{うれ} 試験に合格してとても嬉しいです。 시험에 합격해서 매우 기쁩니다.
嬉しい	試験に合格してとても嬉しいです。

_{おとうと} _{あたま} _{いた} _{かのじょ} _{あい か} _{うつく}
弟 남동생 | 頭 머리 | 痛い 아프다 | 彼女 그녀 | 相変わらず 여전히 | 美しい 아름답
_{えい ご} _{じょう ず} _{ともだち} _{うらや} _{し けん}
다 | 英語 영어 | 上手だ 잘하다/능숙하다 | 友達 친구 | 羨ましい 부럽다 | 試験 시험
_{ごうかく} _{うれ}
| 合格 합격 | とても 매우 | 嬉しい 기쁘다

[い형용사] あ행~か행 단어 쓰기

✎ 문장으로 단어를 익히고 손으로 직접 써보세요

から 辛い	辛い食べ物を食べたらお腹が痛いです。
맵다, 짜다	매운 음식을 먹었더니 배가 아픕니다.
辛い	辛い食べ物を食べたらお腹が痛いです。

き いろ 黄色い	おい き いろ き 甥は黄色いドレスを着ています。
노랗다	조카는 노란 드레스를 입고 있습니다.
黄色い	甥は黄色いドレスを着ています。

きび 厳しい	かれ りょうしん きび 彼の両親は厳しい。
엄하다, 심하다	그의 부모는 엄격하시다.
厳しい	彼の両親は厳しい。

くる 苦しい	ひ がいしゃ おも むね くる 被害者のことを思うと胸が苦しい。
답답하다, 괴롭다	피해자만 생각하면 가슴이 답답하다.
苦しい	被害者のことを思うと胸が苦しい。

から
辛い 맵다/짜다 | た もの
食べ物 음식 | た
食べる 먹다 | なか
お腹 배 | いた
痛い 아프다 | おい
甥 조카 | き
黄
いろ
色い 노랗다 | ドレス 드레스 | き
着る 입다 | かれ
彼 그 | りょうしん
両親 부모님 | きび
厳しい 엄하다/심하
다/혹독하다 | ひ がいしゃ
被害者 피해자 | おも
思う 생각하다 | むね
胸 가슴 | くる
苦しい 답답하다/괴롭다/힘겹다

[い형용사] あ행~か행 단어 쓰기

✎ 문장으로 단어를 익히고 손으로 직접 써보세요

くろ **黒い**	くろ ねこ わたし はし き 黒い猫が私に走って来ました。
검다	검은 고양이가 나에게 달려왔습니다.
黒い	黒い猫が私に走って来ました。

くわ **詳しい**	くわ はなし あ はな 詳しい話は会って話しましょう。
상세하다, 자세하다	자세한 이야기는 만나서 합시다.
詳しい	詳しい話は会って話しましょう。

けわ **険しい**	けわ やまみち のぼ 険しい山道を登ります。
험하다	험한 산길을 오릅니다.
険しい	険しい山道を登ります。

こま **細かい**	こま ないよう しょうりゃく 細かい内容は省略してもいいです。
상세하다, 미세하다	세세한 내용은 생략해도 됩니다.
細かい	細かい内容は省略してもいいです。

くろ けわ わたし はし く くわ
黒い 검다 | 猫 고양이 | 私 나/저 | 走る 달리다 | 来る 오다 | 詳しい 상세하다/자세하
はなし あ けわ やまみち のぼ
다 | 話 이야기/말 | 会う 만나다 | 険しい 험하다 | 山道 산길 | 登る 높은 곳으로 올라가
こま ないよう しょうりゃく
다 | 細かい 상세하다/미세하다/세세하다/작다 | 内容 내용 | 省略 생략

✎ **문장으로 단어를 익히고 손으로 직접 써보세요**

さび **寂しい**	ちち な さび 父を亡くして寂しい。
쓸쓸하다, 허전하다	아버지를 여의고 외롭다.
寂しい	父を亡くして寂しい。

した **親しい**	き むら わたし した あいだがら 木村さんは私と親しい間柄だ。
친하다	기무라 씨는 나와 친한 사이이다.
親しい	木村さんは私と親しい間柄だ。

しろ **白い**	や ね うえ しろ ゆき つ 屋根の上に白い雪が積もった。
희다	지붕 위에 흰 눈이 쌓였다.
白い	屋根の上に白い雪が積もった。

す **酸っぱい**	あじ す レモンの味は酸っぱい。
시다	레몬 맛은 시다.
酸っぱい	レモンの味は酸っぱい。

ちち な さび わたし した
父 아빠 | 亡くす 잃다/여의다 | 寂しい 쓸쓸하다/허전하다 | 私 나/저 | 親しい 친하다 |
あいだがら や ね うえ しろ ゆき
間柄 사람과 사람의 사이/(교제로 맺어지는)관계 | 屋根 지붕 | 上 위 | 白い 희다 | 雪 눈 |
つ あじ す
積もる 쌓이다 | レモン 레몬 | 味 맛 | 酸っぱい 시다/시큼하다

[い형용사] さ행~わ행 단어 쓰기

✎ 문장으로 단어를 익히고 손으로 직접 써보세요

す ば **素晴らしい** 훌륭하다, 대단하다	かれ えいご じつりょく ほんとう す ば 彼の英語の実力は本当に素晴らしいです。 그의 영어 실력은 정말 훌륭합니다.
素晴らしい	彼の英語の実力は本当に素晴らしいです。

する ど **鋭い** 날카롭다, 예리하다	する ど し せん み 鋭い視線で見つめた。 날카로운 시선으로 주시했다.
鋭い	鋭い視線で見つめた。

た だ **正しい** 바르다, 옳다	おっと かんが こうどう ただ 夫の考えと行動はいつも正しい。 남편의 생각과 행동은 항상 옳다.
正しい	夫の考えと行動はいつも正しい。

た の **楽しい** 즐겁다	うた うた とき いちばんたの 歌を歌う時が一番楽しい。 노래를 부를 때가 가장 즐겁다.
楽しい	歌を歌う時が一番楽しい。

かれ えいご じつりょく ほんとう す ば する ど し
彼 그 | 英語 영어 | 実力 실력 | 本当 정말 | 素晴らしい 훌륭하다 | 鋭い 날카롭다 | 視
せん み おっと かんが こうどう
線 시선 | 見つめる 주시하다 | 夫 남편 | 考える 생각하다 | 行動 행동 | いつも 항상/언
ただ うた うた いちばん たの
제나 | 正しい 바르다/옳다 | 歌 노래 | 歌う (노래를)부르다 | 一番 가장 | 楽しい 즐겁다

127

[い형용사] さ행~わ행 단어 쓰기

✏️ 문장으로 단어를 익히고 손으로 직접 써보세요

^{たの}**頼もしい**	^{すず き}鈴木さんは^{たの}頼もしい^{せいねん}青年だ。
믿음직하다	스즈키 씨는 믿음직한 청년이다.
頼もしい	鈴木さんは頼もしい青年だ。

つまらない	つまらないことはしたくない。
시시하다, 재미없다	시시한 일은 하기 싫다.
つまらない	つまらないことはしたくない。

^{なつ}**懐かしい**	^{あき}秋になると^{なつ}懐かしい^{こきょう}故郷が^{おも}思い^だ出される。
그립다, 정겹다	가을이 되면 그리운 고향 생각이 난다.
懐かしい	秋になると懐かしい故郷が思い出される。

^{ねむ}**眠い**	^{ねむ}眠くて^{し ごと}仕事ができない。
졸리다	졸려서 일을 할 수 없다.
眠い	眠くて仕事ができない。

^{たの}**頼もしい** 믿음직하다 | ^{せいねん}**青年** 청년 | **つまらない** 시시하다/재미없다 | **こと** 일/것
する 하다 | ^{あき}**秋** 가을 | **~になると** ~이/가 되면 | ^{なつ}**懐かしい** 그립다/정겹다 | ^{こきょう}**故郷** 고향
| ^{おも}**思い**^だ**出す** 생각나다 | ^{ねむ}**眠い** 졸리다 | ^{し ごと}**仕事** 일

[い형용사] さ행~わ행 단어 쓰기

✎ 문장으로 단어를 익히고 손으로 직접 써보세요

は **恥ずかしい**	は かお あか 恥ずかしくて顔が赤くなった。
부끄럽다, 겸연쩍다	부끄러워서 얼굴이 빨개졌다.
恥ずかしい	恥ずかしくて顔が赤くなった。

ひと **等しい**	に へん なが ひと 二辺の長さが等しい。
같다	두 변의 길이가 같다.
等しい	二辺の長さが等しい。

まず **貧しい**	まず せいかつ 貧しい生活はうんざりする。
가난하다, 빈약하다	가난한 생활은 지겹다.
貧しい	貧しい生活はうんざりする。

まぶ **眩しい**	ひ ざ まぶ 日差しが眩しい。
눈부시다	햇살이 눈부시다.
眩しい	日差しが眩しい。

は
恥ずかしい 부끄럽다/겸연쩍다 | かお あか に へん なが ひと
顔 얼굴 | 赤い 빨갛다 | 二辺 두 변 | 長さ 길이 | 等
しい 같다 | まず せいかつ
貧しい 가난하다/빈약하다 | 生活 생활 | うんざり 진절머리가 남/지긋지긋
함/몹시 싫증 남 | ひ ざ まぶ
日差し 햇살/햇빛 | 眩しい 눈부시다

[い형용사] さ행~わ행 단어 쓰기

✎ 문장으로 단어를 익히고 손으로 직접 써보세요

まる **丸い**	**たいよう まる** 太陽は丸い。
둥글다	태양은 둥글다.
丸い	太陽は丸い。

む あつ **蒸し暑い**	**ことし なつ む あつ** 今年の夏は蒸し暑かった。
무덥다	올해 여름은 무더웠다.
蒸し暑い	今年の夏は蒸し暑かった。

めずら **珍しい**	**み ひじょう めずら** UFOを見ることは非常に珍しい。
드물다, 희귀하다	UFO를 보는 일은 매우 드물다.
珍しい	UFOを見ることは非常に珍しい。

わか **若い**	**わか み** パパはまだ若く見える。
젊다	아빠는 아직 젊어 보인다.
若い	パパはまだ若く見える。

たいよう 太陽 태양 | まる 丸い 둥글다 | ことし 今年 올해 | なつ 夏 여름 | む あつ 蒸し暑い 무덥다 | み 見る 보다 |

こと 일/것 | ひじょう 非常に 매우/상당히 | めずら 珍しい 드물다/희귀하다 | パパ 아빠 | まだ 아직 |

わか 若い 젊다 | み 見える 보이다

✏️ 문장으로 단어를 익히고 손으로 직접 써보세요

あき **明らかだ**	かれ はんにん あき 彼が犯人でないことは明らかだ。
분명하다, 명백하다	그가 범인이 아닌 것은 분명하다.
明らかだ	彼が犯人でないことは明らかだ。

あ まえ **当たり前だ**	あ まえ 当たり前のことをしただけだ。
당연하다, 마땅하다	당연한 일을 했을 뿐이다.
当たり前だ	当たり前のことをしただけだ。

あん い **安易だ**	かのじょ あん い ほうほう えら 彼女は安易な方法を選んだ。
안이하다, 손쉽다	그녀는 손쉬운 방법을 선택했다.
安易だ	彼女は安易な方法を選んだ。

い だい **偉大だ**	い だい さくひん 偉大な作品だ。
위대하다	위대한 작품이다.
偉大だ	偉大な作品だ。

かれ はんにん あき
彼 그 | 犯人 범인 | 明らかだ 분명하다/명백하다 | 当たり前だ 당연하다/마땅하다 |
かのじょ あん い ほうほう えら
こと 일 | だけ ~뿐 | 彼女 그녀 | 安易だ 안이하다/손쉽다 | 方法 방법 | 選ぶ 고르다/
い だい さくひん
택하다 | 偉大だ 위대하다 | 作品 작품

[な형용사] あ행~さ행 단어 쓰기

✏️ 문장으로 단어를 익히고 손으로 직접 써보세요

いや **嫌だ**	さらあら　　　 ほんとう　いや 皿洗いが本当に嫌だ。
싫다	설거지가 정말 싫다.
嫌だ	皿洗いが本当に嫌だ。

おも **主だ**	わたし　おも　しごと　　ほんやく 私の主な仕事は翻訳をすることです。
주되다	나의 주된 일은 번역을 하는 것입니다.
主だ	私の主な仕事は翻訳をすることです。

かいてき **快適だ**	かいてき　しつないくうかん 快適な室内空間だ。
쾌적하다	쾌적한 실내 공간이다.
快適だ	快適な室内空間だ。

かくじつ **確実だ**	もんだい　かいけつ　　　　かくじつ　ほうほう この問題を解決するための確実な方法があります。
확실하다	이 문제를 해결하기 위한 확실한 방법이 있습니다.
確実だ	この問題を解決するための確実な方法があります。

さらあら
皿洗い 설거지/접시닦이 | 本当 정말/진짜/사실/진실 | 嫌だ 싫다 | 私 나/저 | 主だ 주되다 | 仕事 일 | 翻訳 번역 | する 하다 | 快適だ 쾌적하다 | 室内 실내 | 空間 공간 | この 이 | 問題 문제 | 解決 해결 | 確実だ 확실하다 | 方法 방법

[な형용사] あ행~さ행 단어 쓰기

✎ 문장으로 단어를 익히고 손으로 직접 써보세요

かわいそうだ	かわいそうなやつだ。
가엾다, 불쌍하다	불쌍한 녀석이다.
かわいそうだ	かわいそうなやつだ。

きょだい 巨大だ	ふ じ さん　　　　きょだい　　いわ 富士山には巨大な岩がある。
거대하다	후지산에는 거대한 바위가 있다.
巨大だ	富士山には巨大な岩がある。

こうへい 公平だ	こうへい　　はんけつ　　くだ 公平な判決が下された。
공평하다	공평한 판결이 내려졌다.
公平だ	公平な判決が下された。

さわ 爽やかだ	よ あ　　　　くうき　　さわ 夜明けの空気は爽やかだ。
상쾌하다, 명쾌하다	새벽공기는 상쾌하다.
爽やかだ	夜明けの空気は爽やかだ。

かわいそうだ 가엾다/불쌍하다 | やつ (사람·사물을 막되게 부르는 말)놈/녀석/자식/것 |
ふ じ さん
富士山 후지산 | きょだい
巨大だ 거대하다 | いわ
岩 바위 | こうへい
公平だ 공평하다 | はんけつ
判決 판결 | くだ
下され
る (명령, 평가 등이)내려지다 | よ あ
夜明け 새벽 | くうき
空気 공기 | さわ
爽やかだ 상쾌하다/명쾌하다

133

✏️ 문장으로 단어를 익히고 손으로 직접 써보세요

じゅうだい **重大だ**	かれ じゅうだい にんむ ひ う 彼は重大な任務を引き受けた。
중대하다	그는 중대한 임무를 맡았다.
重大だ	彼は重大な任務を引き受けた。

じゅうよう **重要だ**	じゅうよう これは重要なファイルです。
중요하다	이것은 중요한 파일입니다.
重要だ	これは重要なファイルです。

しょうじき **正直だ**	すず き しょうじき ひと 鈴木さんは正直な人だ。
정직하다	스즈키 씨는 정직한 사람이다.
正直だ	鈴木さんは正直な人だ。

しんこく **深刻だ**	あい か しんこく じょうたい 相変わらず深刻な状態ですか。
심각하다	여전히 심각한 상태입니까?
深刻だ	相変わらず深刻な状態ですか。

かれ じゅうだい にんむ ひ う じゅうよう
彼 그 | 重大だ 중대하다 | 任務 임무 | 引き受ける 맡다 | これ 이것 | 重要だ 중
しょうじき ひと あい か しんこく
요하다 | ファイル 파일 | 正直だ 정직하다 | 人 사람 | 相変わらず 여전히 | 深刻だ
じょうたい
심각하다 | 状態 상태

[な형용사] あ행~さ행 단어 쓰기

✏️ 문장으로 단어를 익히고 손으로 직접 써보세요

しんせつ **親切だ**	かれ しんせつ すがた ほ 彼の親切な姿に惚れました。
친절하다	그의 친절한 모습에 반했습니다.
親切だ	彼の親切な姿に惚れました。

しんちょう **慎重だ**	かれ しんちょう たいど み たの 彼に慎重な態度を見せてほしいと頼んだ。
신중하다	그에게 신중한 태도를 보여 달라고 부탁했다.
慎重だ	彼に慎重な態度を見せてほしいと頼んだ。

せいかく **正確だ**	わたし はんだん せいかく 私の判断はいつも正確だ。
정확하다	나의 판단은 항상 정확하다.
正確だ	私の判断はいつも正確だ。

そっちょく **率直だ**	そっちょく いけん き ほ 率直な意見を聞かせて欲しいです。
솔직하다	솔직한 의견을 들려주셨으면 합니다.
率直だ	率直な意見を聞かせて欲しいです。

しんせつ　　　　　　　　すがた　　　　ほ　　　　　　　　　しんちょう　　　　　　たいど　　　み
親切だ 친절하다 ㅣ **姿** 모습 ㅣ **惚れる** 반하다 ㅣ **慎重だ** 신중하다 ㅣ **態度** 태도 ㅣ **見せる**
た の　　　　　　　　　　　　　　　はんだん　　　　　　　　　　　　　　　　　　　せいかく　　　　　　　　　そっちょく
보이다 ㅣ **頼む** 부탁하다 ㅣ **判断** 판단 ㅣ **いつも** 항상/언제나 ㅣ **正確だ** 정확하다 ㅣ **率直だ**
い けん　　　　　き　　　　　　　　　　ほ
솔직하다 ㅣ **意見** 의견 ㅣ **聞かせる** 들려주다 ㅣ **欲しい** ('て~'의 꼴로) 바라다/요망하다

135

✎ **문장으로 단어를 익히고 손으로 직접 써보세요**

たいくつ **退屈だ**	たいくつ いちにち す 退屈な一日を過ごしました。
지루하다, 따분하다	지루한 하루를 보냈습니다.
退屈だ	退屈な一日を過ごしました。

たいへん **大変だ**	し けん てんすう ひく たいへん 試験の点数が低くて大変だ。
큰일이다, 힘들다	시험 점수가 낮아서 큰일이다.
大変だ	試験の点数が低くて大変だ。

たい **平らだ**	たい みち ある 平らな道を歩いています。
평평하다, 평탄하다	평평한 길을 걷고 있습니다.
平らだ	平らな道を歩いています。

たし **確かだ**	かれ たし 彼にアリバイがあるのは確かだ。
확실하다, 정확하다	그에게 알리바이가 있는 것은 확실하다.
確かだ	彼にアリバイがあるのは確かだ。

たいくつ
退屈だ 지루하다/따분하다 | いちにち
一日 하루 | す
過ごす 보내다/지내다/살아가다 | しけん
試験 시험 |
てんすう
点数 점수 | ひく
低い 낮다 | たいへん
大変だ 큰일이다/힘들다 | たい
平らだ 평평하다/평탄하다 | みち
道 길/도
로 | ある
歩く 걷다/산책하다 | かれ
彼 그 | アリバイ 알리바이 | たし
確かだ 확실하다/정확하다

[な형용사] た행~は행 단어 쓰기

✏️ 문장으로 단어를 익히고 손으로 직접 써보세요

ていねい **丁寧だ**	すずき ていねい ことわ 鈴木さんは丁寧に断りました。
정중하다	스즈키 씨는 정중하게 거절했습니다.
丁寧だ	鈴木さんは丁寧に断りました。

てきせつ **適切だ**	きんきゅう じ たい てきせつ そ ち と 緊急事態に適切な措置を取った。
적절하다	위급상황에 적절한 조치를 취했다.
適切だ	緊急事態に適切な措置を取った。

てきとう **適当だ**	てきとう おお き このにんじんを適当な大きさに切ってください。
적당하다	이 당근을 적당한 크기로 잘라 주세요.
適当だ	このにんじんを適当な大きさに切ってください。

とく い **得意だ**	わたし こうこうせい とき か がく とく い 私は高校生の時、科学が得意だった。
잘하다, 자신 있다	나는 고등학생 때, 과학을 잘했다.
得意だ	私は高校生の時、科学が得意だった。

ていねい   ことわ   きんきゅう じ たい   てきせつ   そ ち
丁寧だ 정중하다 | 断る 거절하다 | 緊急事態 위급상황 | 適切だ 적절하다 | 措置 조치
 と   てきとう   おお   き
| 取る 취하다 | この 이 | にんじん 당근 | 適当だ 적당하다 | 大きさ 크기 | 切る 자르
わたし   こうこうせい   とき   か がく   とく い
다 | 私 나/저 | 高校生 고등학생 | 時 때 | 科学 과학 | 得意だ 잘하다/자신 있다

[な형용사] た행~は행 단어 쓰기

✏️ 문장으로 단어를 익히고 손으로 직접 써보세요

どくとく **独特だ**	かれ かんが かた どくとく 彼の考え方は独特だ。
독특하다	그의 사고방식은 독특하다.
独特だ	彼の考え方は独特だ。

とくべつ **特別だ**	たんじょう び とくべつ 誕生日に特別なプレゼントをもらった。
특별하다	생일에 특별한 선물을 받았다.
特別だ	誕生日に特別なプレゼントをもらった。

なだらかだ	かのじょ さかみち た 彼女はなだらかな坂道に立っている。
완만하다, 온화하다	그녀는 완만한 비탈길에 서 있다.
なだらかだ	彼女はなだらかな坂道に立っている。

なま い き **生意気だ**	かれ こうどう なま い き 彼の行動は生意気だ。
건방지다, 주제넘다	그의 행동은 건방지다.
生意気だ	彼の行動は生意気だ。

かれ かんが かた どくとく たんじょう び とくべつ
彼 그 | 考え方 사고방식 | 独特だ 독특하다 | 誕生日 생일 | 特別だ 특별하다 | プレ
かのじょ
ゼント 선물 | もらう (선물 따위를)받다/얻다 | 彼女 그녀 | なだらかだ 완만하다/온화
さかみち た こうどう なま い き
하다 | 坂道 비탈길 | 立っ 서다 | 行動 행동 | 生意気だ 건방지다/주제넘다

138

✏️ 문장으로 단어를 익히고 손으로 직접 써보세요

ねっしん **熱心だ**	か がく ぎ じゅつ　はったつ　　　　　ねっしん　けんきゅう 科学技術の発達のために熱心に研究している。
열심이다	과학 기술의 발달을 위해서 열심히 연구하고 있다.
熱心だ	科学技術の発達のために熱心に研究している。

び みょう **微妙だ**	ふた　　じ けん　　　び みょう　さ 二つの事件には微妙な差がある。
미묘하다	두 사건에는 미묘한 차이가 있다.
微妙だ	二つの事件には微妙な差がある。

びょうどう **平等だ**	ひと　　みなびょうどう 人は皆平等だ。
평등하다	사람은 모두 평등하다.
平等だ	人は皆平等だ。

ふ あん **不安だ**	おそ　　じ かん　　　いもうと　かえ　　　　　　　　ふ あん 遅い時間まで妹が帰ってこなくて不安だ。
불안하다	늦은 시간까지 여동생이 돌아오지 않아 불안하다.
不安だ	遅い時間まで妹が帰ってこなくて不安だ。

か がく　　　　　　ぎ じゅつ　　　　　　はったつ　　　　　　ねっしん　　　　　　　けんきゅう　　　　　ふた　　　　　じ けん
科学 과학 | 技術 기술 | 発達 발달 | 熱心だ 열심이다 | 研究 연구 | 二つ 둘 | 事件
　　　　　び みょう　　　　　　さ　　　　　ひと　　　　　みな　　　　　びょうどう　　　　　　　おそ
사건 | 微妙だ 미묘하다 | 差 차이 | 人 사람 | 皆 모두 | 平等だ 평등하다 | 遅い 늦다 |
じ かん　　　　　　　　　　　　　　いもうと　　　　　　　かえ　　　　　　　　　　　　　　　ふ あん
時間 시간 | まで 까지 | 妹 여동생 | 帰る 돌아오다 | くる 오다 | 不安だ 불안하다

[な형용사] た행~は행 단어 쓰기

✏️ 문장으로 단어를 익히고 손으로 직접 써보세요

ふこう **不幸だ** 불행하다	**ふこう し き** 不幸な知らせを聞くことになった。 불행한 소식을 듣게 되었다.
不幸だ	不幸な知らせを聞くことになった。

ぶ じ **無事だ** 무사하다	**らち こども さいわ ぶ じ** 拉致された子供は幸い無事だった。 납치됐던 아이는 다행히 무사했다.
無事だ	拉致された子供は幸い無事だった。

ふ し ぎ **不思議だ** 이상하다, 신기하다	**ふ し ぎ い もの み** 不思議な生き物を見た。 신기한 생물을 보았다.
不思議だ	不思議な生き物を見た。

ふ べん **不便だ** 불편하다	**ふ べん し せつ せい び** 不便な施設は整備してください。 불편한 시설은 정비해주세요.
不便だ	不便な施設は整備してください。

ふこう   し   き   らち   こども   さいわ
不幸だ 불행하다 | 知らせ 알림/통지/소식 | 聞く 듣다 | 拉致 납치 | 子供 아이 | 幸い
         ぶじ   ふしぎ   い   もの
다행히 | 無事だ 무사하다 | 不思議だ 이상하다/신기하다/불가사의하다 | 生き物 생물/살
     み   ふ べん   し せつ   せい び
아 있는 것 | 見る 보다 | 不便だ 불편하다 | 施設 시설 | 整備 정비

140

✏️ 문장으로 단어를 익히고 손으로 직접 써보세요

まれ 稀だ	まれ　み　はな　さ 稀に見る花が咲いた。
드물다, 흔치않다	보기 드문 꽃이 피었다.
稀だ	稀に見る花が咲いた。

まんぞく 満足だ	し　けん　けっか　まんぞく 試験の結果が満足だ。
충분하다, 만족하다	시험 결과가 만족스럽다.
満足だ	試験の結果が満足だ。

み　ごと 見事だ	み　ごと　じつりょく　み 見事な実力を見せてくれた。
훌륭하다, 멋지다	훌륭한 실력을 보여주었다.
見事だ	見事な実力を見せてくれた。

む　ぐち 無口だ	き　むら　　む　ぐち　ひと 木村さんは無口な人だ。
과묵하다, 말수가 적다	기무라 씨는 과묵한 사람이다.
無口だ	木村さんは無口な人だ。

まれ
稀だ 드물다/흔치않다 | み 見る 보다 | はな 花 꽃 | さ 咲く (꽃이)피다 | しけん 試験 시험 | けっか 結果 결과
| まんぞく 満足だ 충분하다/만족하다 | みごと 見事だ 훌륭하다/멋지다 | じつりょく 実力 실력 | み 見せる 보이다 |
むぐち 無口だ 과묵하다/말수가 적다 | ひと 人 사람

[な형용사] ま행~ら행 단어 쓰기

✏️ 문장으로 단어를 익히고 손으로 직접 써보세요

無理だ むり 무리다	あしくび けが がいしゅつ むり 足首を怪我して外出は無理だ。
	발목을 다쳐서 외출은 무리다.
無理だ	足首を怪我して外出は無理だ。

明確だ めいかく 명확하다	こんど めいかく かいめい ひつよう 今度のことは明確な解明が必要だ。
	이번 일에는 명확한 해명이 필요하다.
明確だ	今度のことは明確な解明が必要だ。

面倒だ めんどう 번거롭다, 귀찮다	かいしゃ しがんてつづ ふくざつ めんどう この会社の志願手続きは複雑で面倒だ。
	이 회사의 지원 절차는 복잡하고 번거롭다.
面倒だ	この会社の志願手続きは複雑で面倒だ。

優秀だ ゆうしゅう 우수하다	かれ ゆうしゅう えいご じつりょく ほこ 彼は優秀な英語の実力を誇った。
	그는 우수한 영어 실력을 자랑했다.
優秀だ	彼は優秀な英語の実力を誇った。

あしくび けが がいしゅつ むり こんど めいかく
足首 발목 | 怪我する 다치다 | 外出 외출 | 無理だ 무리다 | 今度 이번 | 明確だ 명
かいめい ひつよう しがん てつづ ふくざつ
확하다 | 解明 해명 | 必要だ 필요하다 | 志願 지원 | 手続き 절차 | 複雑だ 복잡하다 |
めんどう ゆうしゅう えいご じつりょく ほこ
面倒だ 번거롭다/귀찮다 | 優秀だ 우수하다 | 英語 영어 | 実力 실력 | 誇る 자랑하다

142

[な형용사] ま행~ら행 단어 쓰기

✎ 문장으로 단어를 익히고 손으로 직접 써보세요

ゆうり **有利だ**	ゆうり たちば こうまん 有利な立場だからといって高慢になってはいけない。
유리하다	유리한 입장이라고 거만해지면 안 된다.
有利だ	有利な立場だからといって高慢になってはいけない。

ゆかい **愉快だ**	ともだち ゆかい じかん す 友達と愉快な時間を過ごした。
유쾌하다	친구들과 유쾌한 시간을 보냈다.
愉快だ	友達と愉快な時間を過ごした。

ゆた **豊かだ**	こども そうぞうりょく ゆた 子供たちは想像力が豊かだ。
풍족하다, 풍부하다	아이들은 상상력이 풍부하다.
豊かだ	子供たちは想像力が豊かだ。

らく **楽だ**	らく いす か 楽な椅子を買いました。
편안하다, 안락하다	편안한 의자를 샀습니다.
楽だ	楽な椅子を買いました。

ゆうり
有利だ 유리하다 | たちば
立場 입장 | こうまん
高慢 거만 | ともだち
友達 친구 | ゆかい
愉快だ 유쾌하다 | じかん
時間 시간
す
過ごす 보내다 | こども
子供たち 아이들 | そうぞうりょく
想像力 상상력 | ゆた
豊かだ 풍족하다/풍부하다 | らく
楽
だ 편안하다/안락하다/쉽다 | いす
椅子 의자 | か
買う 사다

143

Part 4.

동사

✏️ 문장으로 단어를 익히고 손으로 직접 써보세요

あ **開ける** 열다	ドアを開ける音がした。
	문을 여는 소리가 났다.
開ける	ドアを開ける音がした。

あた **与える** 주다, 가하다	芝生を傷つけないように注意を与える。
	잔디밭을 훼손하지 않도록 주의를 준다.
与える	芝生を傷つけないように注意を与える。

あつか **扱う** 다루다, 취급하다	遺物を大切に扱う。
	유물을 소중히 다루다.
扱う	遺物を大切に扱う。

あま **余る** 남다	小遣いが余った。
	용돈이 남았다.
余る	小遣いが余った。

ドア 문 | 開ける 열다 | 音 소리 | 芝生 잔디밭 | 傷つける 상처를 입히다/손상하다/파손시키다 | 注意 주의 | 与える 주다/가하다 | 遺物 유물 | 大切に 소중히 | 扱う 다루다/취급하다 | 小遣い 용돈 | 余る 남다

あ행 단어 쓰기

✏️ 문장으로 단어를 익히고 손으로 직접 써보세요

<ruby>あ<rt></rt></ruby>**編む** 뜨다, 엮다, 짜다	クラスの<ruby>文集<rt>ぶんしゅう</rt></ruby>を<ruby>編<rt>あ</rt></ruby>む。 학급문집을 엮다.
編む	クラスの文集を編む。

<ruby>あやま<rt></rt></ruby>**謝る** 사과하다	<ruby>彼<rt>かれ</rt></ruby>に<ruby>正式<rt>せいしき</rt></ruby>に<ruby>謝<rt>あやま</rt></ruby>る。 그에게 정식으로 사과하다.
謝る	彼に正式に謝る。

<ruby>ある<rt></rt></ruby>**歩く** 걷다	<ruby>毎日少<rt>まいにちすこ</rt></ruby>しずつ<ruby>歩<rt>ある</rt></ruby>いています。 매일 조금씩 걷고 있습니다.
歩く	毎日少しずつ歩いています。

<ruby>い<rt></rt></ruby>**生きる** 살다	<ruby>生<rt>い</rt></ruby>きるのが<ruby>楽<rt>たの</rt></ruby>しい。 사는 것이 즐겁다.
生きる	生きるのが楽しい。

クラス 클래스/학급 | <ruby>文集<rt>ぶんしゅう</rt></ruby> 문집 | <ruby>編<rt>あ</rt></ruby>む 뜨다/엮다/짜다 | <ruby>彼<rt>かれ</rt></ruby> 그 | <ruby>正式<rt>せいしき</rt></ruby> 정식 | <ruby>謝<rt>あやま</rt></ruby>る
사과하다 | <ruby>毎日<rt>まいにち</rt></ruby> 매일 | <ruby>少<rt>すこ</rt></ruby>しずつ 조금씩 | <ruby>歩<rt>ある</rt></ruby>く 걷다 | <ruby>生<rt>い</rt></ruby>きる 살다 | <ruby>楽<rt>たの</rt></ruby>しい 즐겁다

あ행 단어 쓰기

✎ 문장으로 단어를 익히고 손으로 직접 써보세요

いそ **急ぐ**	いそ 急がないでください。
서두르다	서두르지 말아주세요.
急ぐ	急がないでください。

い **要る**	こん き　い マラソンは根気が要る。
필요하다	마라톤은 끈기가 필요하다.
要る	マラソンは根気が要る。

いわ **祝う**	しょうしん　　　　　　　　いわ 昇進することになって祝われた。
축하하다	승진하게 되어 축하받았다.
祝う	昇進することになって祝われた。

う **受ける**	かれ　いんしゅうんてん　しゃかいてき ひ なん　う 彼は飲酒運転で社会的非難を受けた。
받다	그는 음주운전으로 사회적 비난을 받았다.
受ける	彼は飲酒運転で社会的非難を受けた。

いそ
急ぐ 서두르다 | **マラソン** 마라톤 | こん き
根気 끈기 | い
要る 필요하다 | しょうしん
昇進 승진 | いわ
祝う 축하하다 | かれ
彼 그 | いんしゅうんてん
飲酒運転 음주운전 | しゃかいてき
社会的 사회적 | ひ なん
非難 비난 | う
受けた 받았다

147

✎ 문장으로 단어를 익히고 손으로 직접 써보세요

動く うご	時計の秒針が動いている。 と けい びょうしん うご
움직이다	시계의 초침이 움직이고 있다.
動く	時計の秒針が動いている。

失う うしな	めまいでしばらく気を失った。 き うしな
잃다	현기증으로 잠시 정신을 잃었다.
失う	めまいでしばらく気を失った。

歌う うた	子供が歌を歌っている。 こ ども うた うた
노래하다	아이가 노래를 부르고 있다.
歌う	子供が歌を歌っている。

疑う うたが	鈴木さんが犯人だと疑っている。 すず き はんにん うたが
의심하다	스즈키 씨가 범인이라고 의심하고 있다.
疑う	鈴木さんが犯人だと疑っている。

時計 시계 | 秒針 초침 | 動く 움직이다 | めまい 현기증 | しばらく 잠시/잠깐
と けい　　　　びょうしん　　　　うご
気を失う 정신[의식]을 잃다/실신하다 | 子供 아이 | 歌 노래 | 歌う 노래하다/(노래를)부르다
き うしな　　　　　　　　　　　　　こ ども　　　　うた　　　うた
犯人 범인 | 疑う 의심하다
はんにん　　うたが

148

あ행 단어 쓰기

✎ 문장으로 단어를 익히고 손으로 직접 써보세요

おく **送る** 보내다	たくはい おく 宅配を送りました。 택배를 보냈습니다.
送る	宅配を送りました。

おく **遅れる** 늦다	やくそく じかん おく 約束の時間に遅れそうだ。 약속 시간에 늦을 것 같다.
遅れる	約束の時間に遅れそうだ。

おし **教える** 가르치다	に ほん えいご おし リックさんは日本で英語を教えている。 릭 씨는 일본에서 영어를 가르치고 있다.
教える	リックさんは日本で英語を教えている。

お **落ちる** 떨어지다	あき お ば お 秋になると落ち葉が落ちる。 가을이 되면 낙엽이 떨어진다.
落ちる	秋になると落ち葉が落ちる。

たくはい おく やくそく じかん おく に ほん えいご
宅配 택배ㅣ送る 보내다ㅣ約束 약속ㅣ時間 시간ㅣ遅れる 늦다ㅣ日本 일본ㅣ英語
おし あき お ば お
영어ㅣ教える 가르치다ㅣ秋 가을ㅣ落ち葉 낙엽ㅣ落ちる 떨어지다

149

✎ 문장으로 단어를 익히고 손으로 직접 써보세요

か **飼う**	私は猫を飼っている。
기르다	나는 고양이를 기르고 있다.
飼う	私は猫を飼っている。

かざ **飾る**	テーブルに花を飾った。
꾸미다, 장식하다	테이블에 꽃을 장식했다.
飾る	テーブルに花を飾った。

かせ **稼ぐ**	アルバイトで生活費を稼いだ。
벌다	아르바이트로 생활비를 벌었다.
稼ぐ	アルバイトで生活費を稼いだ。

かた づ **片付く**	部屋がきれいに片付いた。
정돈되다, 정리되다	방이 깨끗하게 정돈되었다.
片付く	部屋がきれいに片付いた。

私 나/저 | 猫 고양이 | 飼う 기르다 | テーブル 테이블 | 花 꽃 | 飾る 꾸미다/장식하다
| アルバイト 아르바이트 | 生活費 생활비 | 稼ぐ 벌다 | 部屋 방 | きれいだ 깨끗하다
| 片付く 정돈되다/정리되다

か행 단어 쓰기

✏️ **문장으로 단어를 익히고 손으로 직접 써보세요**

か **勝つ** 이기다	**試**しあい**合**は 5 **対**ごたいいち **1** で **勝**か**ち**ました。 시합은 5대1로 이겼습니다.
勝つ	試合は 5 対 1 で 勝ちました。

かよ **通う** 다니다	**持**じびょう**病**があって **病**びょういん**院**に **通**かよ**う**。 지병이 있어 병원에 다닌다.
通う	持病があって病院に通う。

か **借りる** 빌리다	**図**としょかん**書館**で **本**ほん**を 借**か**りました**。 도서관에서 책을 빌렸습니다.
借りる	図書館で本を借りました。

かわ **乾く** 마르다, 건조하다	**乾**かんそう**燥して 洗**せんたく**濯がよく 乾**かわ**いた**。 건조해서 빨래가 잘 말랐다.
乾く	乾燥して洗濯がよく乾いた。

試しあい**合** 시합/경기 | **勝**か**つ** 이기다 | **持**じびょう**病** 지병 | **病**びょういん**院** 병원 | **通**かよ**う** 다니다 | **図**としょかん**書館** 도서
관 | **本**ほん 책 | **借**か**りる** 빌리다 | **乾**かんそう**燥** 건조 | **洗**せんたく**濯** 빨래/세탁 | **乾**かわ**く** 마르다/건조하다

か행 단어 쓰기

✎ 문장으로 단어를 익히고 손으로 직접 써보세요

か 代わる	母の代わりに食事の準備をした。
대신하다	엄마를 대신해서 식사준비를 했다.
代わる	母の代わりに食事の準備をした。

がんば 頑張る	よい成績を取るために頑張る。
노력하다	좋은 성적을 받기 위해 노력하다.
頑張る	よい成績を取るために頑張る。

き 消える	あとかた 跡形もなく消える。
사라지다, 지워지다	흔적도 없이 사라지다.
消える	跡形もなく消える。

き 聞く	み 見ることと聞くことは違う。
듣다, 묻다	보는 것과 듣는 것은 다르다.
聞く	見ることと聞くことは違う。

はは   か
母 엄마 | 代わる 대신하다 | 食事 식사 | 準備 준비 | よい 좋다 | 成績 성적 | 取る
받다 | 頑張る 노력하다 | 跡形 흔적 | 消える 사라지다/지워지다 | 見る 보다 | こと 것
| 聞く 듣다/묻다 | 違う 다르다

か행 단어 쓰기

✎ 문장으로 단어를 익히고 손으로 직접 써보세요

決^きまる 정해지다, 결정되다	スケジュールが決^きまる。 스케줄이 정해지다.
決まる	スケジュールが決まる。

配^{くば}る 나누어주다	チョコレートを学生^{がくせい}たちに配^{くば}ってあげました。 초콜릿을 학생들에게 나누어 주었습니다.
配る	チョコレートを学生たちに配ってあげました。

暮^くらす 살다, 지내다	無事^{ぶじ}に暮^くらす。 무탈하게 지내다.
暮らす	無事に暮らす。

比^{くら}べる 비교하다, 겨누다	友達^{ともだち}と身長^{しんちょう}を比^{くら}べてみた。 친구와 키를 비교해 보았다.
比べる	友達と身長を比べてみた。

スケジュール 스케줄 | 決^きまる 정해지다/결정되다 | チョコレート 초콜릿 | 学生^{がくせい} 학생
| 配^{くば}る 나누어주다 | 無事^{ぶじ}だ 무탈하다 | 暮^くらす 살다/지내다 | 友達^{ともだち} 친구 | 身長^{しんちょう} 키/신장
| 比^{くら}べる 비교하다/겨누다 | みる 보다

153

か행 단어 쓰기

✏️ 문장으로 단어를 익히고 손으로 직접 써보세요

こた **答える** 대답하다	せんせい がくせい しつもん こた 先生は学生の質問に答えた。 선생님은 학생의 질문에 대답했다.
答える	先生は学生の質問に答えた。

ことわ **断る** 거절하다	かのじょ たの ことわ 彼女の頼みを断る。 그녀의 부탁을 거절하다.
断る	彼女の頼みを断る。

こま **困る** 곤란하다, 어려움을 겪다	ご かい こま じょうきょう 誤解されて困った状況になった。 오해를 받아 곤란한 상황이 되었다.
困る	誤解されて困った状況になった。

こ **込む** 붐비다	はんぼう き くうこう こ 繁忙期には空港が込む。 성수기에는 공항이 붐빈다.
込む	繁忙期には空港が込む。

せんせい　　　　　　　　がくせい　　　　　　しつもん　　　　こた　　　　　　　　　　　かのじょ　　　　　たの
先生 선생님 | 学生 학생 | 質問 질문 | 答える 대답하다 | 彼女 그녀 | 頼み 부탁 |
ことわ　　　　　　　ごかい　　　　　こま　　　　　　　　　　　　　　　　　　　じょうきょう　　　　　はんぼう き
断る 거절하다 | 誤解 오해 | 困る 곤란하다/어려움을 겪다 | 状況 상황 | 繁忙期 성수기
くうこう　　　こ
| 空港 공항 | 込む 붐비다

154

DAY 30 さ행 단어 쓰기

✏️ **문장으로 단어를 익히고 손으로 직접 써보세요**

探<ruby>す<rt>さが</rt></ruby>	**勤め先を探している。** (つと さき さが)
찾다	직장을 찾고 있다.
探す	勤め先を探している。

逆<ruby>らう<rt>さか</rt></ruby>	**時代に逆らう。** (じ だい さか)
거스르다	시대를 거스르다.
逆らう	時代に逆らう。

咲<ruby>く<rt>さ</rt></ruby>	**春になると花が咲く。** (はる はな さ)
(꽃이) 피다	봄이 되면 꽃이 핀다.
咲く	春になると花が咲く。

叫<ruby>ぶ<rt>さけ</rt></ruby>	**助けてくれと叫ぶ。** (たす さけ)
외치다, 소리 지르다	살려달라고 소리 지르다.
叫ぶ	助けてくれと叫ぶ。

勤め先 직장/근무처 | 探す 찾다 | 時代 시대 | 逆らう 거스르다 | 春 봄 | ~になる ~이/가 되다 | 花 꽃 | 咲く (꽃이)피다 | 助ける 구조하다/살리다 | 叫ぶ 외치다/소리 지르다

155

さ행 단어 쓰기

✏️ 문장으로 단어를 익히고 손으로 직접 써보세요

さ **避ける** 피하다, 삼가다	さいあく じ たい さ 最悪の事態を避けた。 최악의 사태를 피했다.
避ける	最悪の事態を避けた。

さ **指す** 가리키다	て が めん さ 手で画面を指す。 손으로 화면을 가리킨다.
指す	手で画面を指す。

さわ **騒ぐ** 떠들다	せい と きょうしつ さわ 生徒たちが教室で騒いでいる。 학생들이 교실에서 떠들고 있다.
騒ぐ	生徒たちが教室で騒いでいる。

さわ **触る** 닿다, 만지다	さわ め み 触らないで、目で見るだけにしてください。 만지지 말고, 눈으로만 보세요.
触る	触らないで、目で見るだけにしてください。

さいあく じ たい さ て が めん さ
最悪 최악 | **事態** 사태 | **避ける** 피하다/삼가다 | **手** 손 | **画面** 화면 | **指す** 가리키다 |
せい と きょうしつ さわ さわ め み
生徒 학생 | **教室** 교실 | **騒ぐ** 떠들다 | **触る** 닿다/만지다 | **目** 눈/안목/시선 | **見る** 보다

156

さ행 단어 쓰기

✏️ 문장으로 단어를 익히고 손으로 직접 써보세요

しか **叱る**	はは おとうと しか 母は弟を叱った。
혼내다, 꾸짖다	엄마는 남동생을 꾸짖었다.
叱る	母は弟を叱った。

したが **従う**	がっこう き てい したが 学校の規程に従う。
따르다	학교 규정에 따르다.
従う	学校の規程に従う。

しば **縛る**	つな しば 綱で縛る。
묶다, 매다	밧줄로 묶다.
縛る	綱で縛る。

し **知らせる**	にってい まえ し 日程を前もって知らせる。
알리다	일정을 미리 알리다.
知らせる	日程を前もって知らせる。

はは 母 엄마 | おとうと 弟 남동생 | しか 叱る 혼내다/꾸짖다 | がっこう 学校 학교 | き てい 規程 규정 | したが 従う 따르다 |
つな 綱 밧줄 | しば 縛る 묶다/매다 | にってい 日程 일정 | まえ 前もって 미리 | し 知らせる 알리다

✏️ **문장으로 단어를 익히고 손으로 직접 써보세요**

^{しら}**調べる** 조사하다, 찾다	^{じ けん} ^{げん ば} ^{しら} 事件の現場を調べた。 사건 현장을 조사했다.
調べる	事件の現場を調べた。

^し**知る** 알다	^{かい ぎ} ^{じ かん} ^し 会議の時間は知っている。 회의 시간은 알고 있다.
知る	会議の時間は知っている。

^{しん}**信じる** 믿다	^{わたし} ^{かれ} ^{しん} 私は彼を信じる。 나는 그를 믿는다.
信じる	私は彼を信じる。

^す**吸う** 들이마시다, 빨다	^す ^{くう き} ^す 澄んだ空気を吸う。 맑은 공기를 마시다.
吸う	澄んだ空気を吸う。

^{じ けん}事件 사건 | ^{げん ば}現場 현장 | ^{しら}調べる 조사하다/찾다 | ^{かい ぎ}会議 회의 | ^{じ かん}時間 시간 | ^し知る 알다 |
^{わたし}私 나/저 | ^{かれ}彼 그 | ^{しん}信じる 믿다 | ^す澄む 맑(아지)다 | ^{くう き}空気 공기 | ^す吸う 들이마시다/빨다

さ행 단어 쓰기

✎ 문장으로 단어를 익히고 손으로 직접 써보세요

すぎる **過ぎる** 지나가다, 넘다	ちち たんじょうび し あいだ す 父の誕生日が知らない間に過ぎた。 아버지의 생신이 모르는 사이에 지나갔다.
過ぎる	父の誕生日が知らない間に過ぎた。

すぐ **優れる** 뛰어나다	こども りかいりょく すぐ 子供は理解力が優れている。 아이는 이해력이 뛰어나다.
優れる	子供は理解力が優れている。

す **過ごす** 보내다, 지내다	む あつ なつ す 蒸し暑い夏を過ごした。 무더운 여름을 보냈다.
過ごす	蒸し暑い夏を過ごした。

すす **進む** 나아가다, 진행되다	けいかく じゅんちょう すす 計画が順調に進んでいる。 계획이 순조롭게 진행되고 있다.
進む	計画が順調に進んでいる。

ちち
父 아빠/아버지 | 誕生日 생일 | 知る 알다 | 間 사이 | 過ぎる 지나가다/넘다 | こども
子供
아이 | 理解力 이해력 | 優れる 뛰어나다 | 蒸し暑い 무덥다 | 夏 여름 | 過ごす 보내다/지내다 | 計画 계획 | 順調だ 순조롭다 | 進む 나아가다/진행되다

DAY 31 た행 단어 쓰기

✏️ 문장으로 단어를 익히고 손으로 직접 써보세요

たお **倒れる**	ひんけつ　　　　　　 とお　 たお 貧血がひどくて通りで倒れました。
쓰러지다	빈혈이 심해서 거리에서 쓰러졌습니다.
倒れる	貧血がひどくて通りで倒れました。

たし **確かめる**	はんにん　 いち　 たし 犯人の位置を確かめた。
확인하다	범인의 위치를 확인했다.
確かめる	犯人の位置を確かめた。

た **足す**	に た　 さん ご 2足す3は5だ。
더하다, 보태다	2 더하기 3은 5다.
足す	2足す3は5だ。

たず **尋ねる**	し　　　 ひと みち たず 知らない人に道を尋ねる。
묻다, 찾다, 캐다	모르는 사람에게 길을 묻다.
尋ねる	知らない人に道を尋ねる。

ひんけつ　　　　　　　　　　　　　　　　　　　　 とお　　　　　　　　 たお　　　　　　　　　 はんにん
貧血 빈혈 | ひどい 심하다/가혹하다 | 通り 거리 | 倒れる 쓰러지다 | 犯人 범인 |
いち　　　　　　　 たし　　　　　　　　　　　　 た　　　　　　　　　　　　　　　　 し　　　　　　　　　　　　 ひと
位置 위치 | 確かめる 확인하다 | 足す 더하다/보태다 | 知らない 모르다 | 人 사람 |
みち　　 たず
道 길 | 尋ねる 묻다/찾다/캐다

160

た행 단어 쓰기

✏️ 문장으로 단어를 익히고 손으로 직접 써보세요

畳む たた 개다, 접다	はは せんたくもの たた 母は洗濯物を畳んでいる。 엄마는 빨래를 개고 있다.
畳む	母は洗濯物を畳んでいる。

立つ た 서다	かのじょ ゆうびんきょく まえ た 彼女は郵便局の前に立っている。 그녀는 우체국 앞에 서 있다.
立つ	彼女は郵便局の前に立っている。

楽しむ たの 즐기다	ともだち たの 友達とゲームを楽しむ。 친구와 게임을 즐기다.
楽しむ	友達とゲームを楽しむ。

頼む たの 부탁하다	りょこう き かん あいだ ともだち こいぬ たの 旅行期間の間、友達に子犬を頼んだ。 여행 기간 동안 친구에게 강아지를 부탁했다.
頼む	旅行期間の間、友達に子犬を頼んだ。

はは せんたくもの たた かのじょ ゆうびんきょく まえ
母 엄마 | 洗濯物 빨래/세탁물 | 畳む 개다/접다 | 彼女 그녀 | 郵便局 우체국 | 前 앞
た ともだち たの りょこう き かん
立つ 서다 | 友達 친구 | ゲーム 게임 | 楽しむ 즐기다 | 旅行 여행 | 期間 기간
あいだ こ いぬ たの
~間 ~동안 | 子犬 강아지 | 頼む 부탁하다

た행 단어 쓰기

✏️ 문장으로 단어를 익히고 손으로 직접 써보세요

<ruby>頼<rt>たよ</rt></ruby>る	<ruby>大変<rt>たいへん</rt></ruby>でも<ruby>頼<rt>たよ</rt></ruby>る<ruby>人<rt>ひと</rt></ruby>がいない。
의지하다, 믿다	힘들어도 의지할 사람이 없다.
頼る	大変でも頼る人がいない。

<ruby>足<rt>た</rt></ruby>りる	この<ruby>程度<rt>ていど</rt></ruby>なら<ruby>足<rt>た</rt></ruby>りる。
충분하다, 족하다	이 정도면 충분하다.
足りる	この程度なら足りる。

<ruby>違<rt>ちが</rt></ruby>う	<ruby>私<rt>わたし</rt></ruby>と<ruby>夫<rt>おっと</rt></ruby>は<ruby>性格<rt>せいかく</rt></ruby>が<ruby>違<rt>ちが</rt></ruby>う。
다르다, 틀리다	나와 남편은 성격이 다르다.
違う	私と夫は性格が違う。

<ruby>捕<rt>つか</rt></ruby>まえる	<ruby>警察<rt>けいさつ</rt></ruby>は<ruby>昨日<rt>きのう</rt></ruby>、<ruby>逃走中<rt>とうそうちゅう</rt></ruby>の<ruby>強盗<rt>ごうとう</rt></ruby>を<ruby>捕<rt>つか</rt></ruby>まえた。
잡다, 파악하다	경찰은 어제, 도주 중인 강도를 잡았다.
捕まえる	警察は昨日、逃走中の強盗を捕まえた。

<ruby>大変<rt>たいへん</rt></ruby>だ 힘들다/큰일이다 | <ruby>頼<rt>たよ</rt></ruby>る 의지하다/믿다 | <ruby>人<rt>ひと</rt></ruby> 사람 | いない 없다 | この 이 | <ruby>程度<rt>ていど</rt></ruby> 정도 | <ruby>足<rt>た</rt></ruby>りる 충분하다/족하다 | <ruby>夫<rt>おっと</rt></ruby> 남편 | <ruby>性格<rt>せいかく</rt></ruby> 성격 | <ruby>違<rt>ちが</rt></ruby>う 다르다/틀리다 | <ruby>警察<rt>けいさつ</rt></ruby> 경찰 | <ruby>昨日<rt>きのう</rt></ruby> 어제 | <ruby>逃走<rt>とうそう</rt></ruby> 도주 | ~<ruby>中<rt>ちゅう</rt></ruby> ~중 | <ruby>強盗<rt>ごうとう</rt></ruby> 강도 | <ruby>捕<rt>つか</rt></ruby>まえる 잡다/파악하다

た행 단어 쓰기

✏️ 문장으로 단어를 익히고 손으로 직접 써보세요

着<ruby>着<rt>つ</rt></ruby>く 도착하다, 닿다	<ruby>父<rt>ちち</rt></ruby>は<ruby>明日<rt>あした</rt></ruby>、<ruby>日本<rt>にほん</rt></ruby>に<ruby>着<rt>つ</rt></ruby>くそうだ。 아빠는 내일 일본에 도착한다고 한다.
着く	父は明日、日本に着くそうだ。

伝<ruby>伝<rt>つた</rt></ruby>える 전하다, 알리다	<ruby>先生<rt>せんせい</rt></ruby>に<ruby>感謝<rt>かんしゃ</rt></ruby>の<ruby>気持<rt>きも</rt></ruby>ちを<ruby>伝<rt>つた</rt></ruby>えた。 선생님께 감사의 마음을 전했다.
伝える	先生に感謝の気持ちを伝えた。

努<ruby>努<rt>つと</rt></ruby>める 노력하다	<ruby>再感染防止<rt>さいかんせんぼうし</rt></ruby>に<ruby>努<rt>つと</rt></ruby>める。 재감염 방지에 노력하다.
努める	再感染防止に努める。

積<ruby>積<rt>つ</rt></ruby>もる 쌓이다	<ruby>秋<rt>あき</rt></ruby>になると<ruby>道端<rt>みちばた</rt></ruby>に<ruby>落<rt>お</rt></ruby>ち<ruby>葉<rt>ば</rt></ruby>が<ruby>積<rt>つ</rt></ruby>もる。 가을이 되면 길가에 낙엽이 쌓인다.
積もる	秋になると道端に落ち葉が積もる。

<ruby>父<rt>ちち</rt></ruby> 아빠 | <ruby>明日<rt>あした</rt></ruby> 내일 | <ruby>日本<rt>にほん</rt></ruby> 일본 | <ruby>着<rt>つ</rt></ruby>く 도착하다/닿다 | <ruby>先生<rt>せんせい</rt></ruby> 선생님 | <ruby>感謝<rt>かんしゃ</rt></ruby> 감사 | <ruby>気持<rt>きも</rt></ruby>ち 마음/기분 | <ruby>伝<rt>つた</rt></ruby>える 전하다/알리다 | <ruby>再感染<rt>さいかんせん</rt></ruby> 재감염 | <ruby>防止<rt>ぼうし</rt></ruby> 방지 | <ruby>努<rt>つと</rt></ruby>める 노력하다 | <ruby>秋<rt>あき</rt></ruby> 가을 | ~になると ~이/가 되면 | <ruby>道端<rt>みちばた</rt></ruby> 길가 | <ruby>落<rt>お</rt></ruby>ち<ruby>葉<rt>ば</rt></ruby> 낙엽 | <ruby>積<rt>つ</rt></ruby>もる 쌓이다

た행 단어 쓰기

✏️ **문장으로 단어를 익히고 손으로 직접 써보세요**

手伝う てつだ 도와주다	おっと しゅうまつ か じ てつだ 夫は週末に家事を手伝ってくれる。 남편은 주말에 집안일을 도와준다.
手伝う	夫は週末に家事を手伝ってくれる。

閉じる と 닫히다, 닫다, 끝나다	もん と 門が閉じる。 문이 닫히다.
閉じる	門が閉じる。

伴う ともな 따라가다, 따르다	ふ ほう き けん ともな 不法なことは危険が伴う。 불법적인 일은 위험이 따른다.
伴う	不法なことは危険が伴う。

撮る と 찍다	ともだち こうえん しゃしん と 友達と公園で写真を撮った。 친구들과 공원에서 사진을 찍었다.
撮る	友達と公園で写真を撮った。

おっと しゅうまつ か じ てつだ もん と
夫 남편 | 週末 주말 | 家事 집안일/가사 | 手伝う 도와주다 | 門 문/대문/출입문 | 閉じ
ふ ほう き けん ともな
る 닫히다/닫다/끝나다/끝내다 | 不法 불법 | こと 일/것 | 危険 위험 | 伴う 따라가다/따르
ともだち こうえん しゃしん と
다/동반하다 | 友達 친구 | 公園 공원 | 写真 사진 | 撮る 찍다

164

✏️ 문장으로 단어를 익히고 손으로 직접 써보세요

なお **直す** 고치다	壊れた時計を直して使っている。 고장 난 시계를 고쳐서 사용하고 있다.
直す	壊れた時計を直して使っている。

なが **眺める** 바라보다	美しい景色を眺めた。 아름다운 경치를 바라보았다.
眺める	美しい景色を眺めた。

な **泣く** 울다	子供が泣いている。 아이가 울고 있다.
泣く	子供が泣いている。

な **投げる** 던지다	投手が球を投げた。 투수가 공을 던졌다.
投げる	投手が球を投げた。

壊れる 깨지다/부서지다/파괴[파손]되다 | 時計 시계 | 直す 고치다 | 使う 사용하다 | 美しい 아름답다 | 景色 경치 | 眺める 바라보다 | 子供 아이 | 泣く 울다 | 投手 투수 | 球 야구·탁구 따위의 공 | 投げる 던지다

な행～は행 단어 쓰기

✏️ 문장으로 단어를 익히고 손으로 직접 써보세요

なや 悩む	しんろ なや 進路について悩んでいる。
고민하다, 괴로워하다	진로에 대해 고민하고 있다.
悩む	進路について悩んでいる。

なら 習う	ご なら フランス語を習っている。
배우다	프랑스어를 배우고 있다.
習う	フランス語を習っている。

なら 並ぶ	しんろうしん ぶ なら た 新郎新婦が並んで立っている。
줄서다, 나란히 서다	신랑신부가 나란히 서 있다.
並ぶ	新郎新婦が並んで立っている。

な 鳴る	しんねん かね おと な 新年になると鐘の音が鳴る。
울리다, 널리 알려지다	새해가 되면 종소리가 울린다.
鳴る	新年になると鐘の音が鳴る。

しんろ
進路 진로 | ~について ~에 대해서 | なや
悩む 고민하다/괴로워하다 | フランス語 ご 프랑스어
| 習う なら 배우다 | 新郎 しんろう 신랑 | 新婦 しん ぶ 신부 | 並ぶ なら 줄서다/나란히 서다 | 立つ た 서다 | 新年 しんねん
신년/새해 | ~になる ~이/가 되다 | 鐘の音 かね おと 종소리 | 鳴る な 울리다/널리 알려지다

166

な행~は행 단어 쓰기

✏️ 문장으로 단어를 익히고 손으로 직접 써보세요

にあ 似合う	彼女は青いワンピースがよく似合う。
어울리다	그녀는 파란색 원피스가 잘 어울린다.
似合う	彼女は青いワンピースがよく似合う。

に 逃げる	犯人が逃げている。
도망치다	범인이 도망치고 있다.
逃げる	犯人が逃げている。

に 似る	子供はお母さんと似ている。
닮다, 비슷하다	아이는 엄마와 닮았다.
似る	子供はお母さんと似ている。

ぬ 脱ぐ	靴下を脱いで小川に入った。
벗다	양말을 벗고 개울물에 들어갔다.
脱ぐ	靴下を脱いで小川に入った。

彼女 그녀 | 青い 파랗다 | ワンピース 원피스 | よく 잘/자주 | 似合う 어울리다 |
犯人 범인 | 逃げる 도망치다 | 子供 아이 | お母さん 엄마/어머니 | 似る 닮다/비슷하다 | 靴下 양말 | 脱ぐ 벗다 | 小川 시내/개울물 | 入る 들어가다

な행~は행 단어 쓰기

✏️ 문장으로 단어를 익히고 손으로 직접 써보세요

<ruby>盗<rt>ぬす</rt></ruby>む	<ruby>彼<rt>かれ</rt></ruby>は<ruby>物<rt>もの</rt></ruby>を<ruby>盗<rt>ぬす</rt></ruby>む<ruby>癖<rt>くせ</rt></ruby>がある。
훔치다	그는 물건을 훔치는 버릇이 있다.
盗む	彼は物を盗む癖がある。

<ruby>残<rt>のこ</rt></ruby>る	<ruby>食<rt>た</rt></ruby>べ<ruby>物<rt>もの</rt></ruby>がたくさん<ruby>残<rt>のこ</rt></ruby>った。
남다	음식이 많이 남았다.
残る	食べ物がたくさん残った。

<ruby>乗<rt>の</rt></ruby>る	バスに<ruby>乗<rt>の</rt></ruby>って<ruby>学校<rt>がっこう</rt></ruby>に<ruby>行<rt>い</rt></ruby>く。
타다	버스를 타고 학교에 간다.
乗る	バスに乗って学校に行く。

<ruby>運<rt>はこ</rt></ruby>ぶ	<ruby>荷物<rt>にもつ</rt></ruby>を<ruby>運<rt>はこ</rt></ruby>んで<ruby>食事<rt>しょくじ</rt></ruby>をしましょう。
옮기다	짐을 옮기고 식사합시다.
運ぶ	荷物を運んで食事をしましょう。

<ruby>彼<rt>かれ</rt></ruby> 그 | <ruby>物<rt>もの</rt></ruby> 물건 | <ruby>盗<rt>ぬす</rt></ruby>む 훔치다 | <ruby>癖<rt>くせ</rt></ruby> 버릇/습관 | <ruby>食<rt>た</rt></ruby>べ<ruby>物<rt>もの</rt></ruby> 음식 | たくさん 많음 | <ruby>残<rt>のこ</rt></ruby>る 남다 | バス 버스 | ~に<ruby>乗<rt>の</rt></ruby>る ~을/를 타다 | <ruby>学校<rt>がっこう</rt></ruby> 학교 | <ruby>行<rt>い</rt></ruby>く 가다 | <ruby>荷物<rt>にもつ</rt></ruby> 짐 | <ruby>運<rt>はこ</rt></ruby>ぶ 옮기다 | <ruby>食事<rt>しょくじ</rt></ruby> 식사

な행~は행 단어 쓰기

✏️ **문장으로 단어를 익히고 손으로 직접 써보세요**

<ruby>走<rt>はし</rt></ruby>る	<ruby>馬<rt>うま</rt></ruby>は<ruby>速<rt>はや</rt></ruby>く<ruby>走<rt>はし</rt></ruby>っている。
달리다	말은 빨리 달리고 있다.
走る	馬は速く走っている。

<ruby>始<rt>はじ</rt></ruby>める	<ruby>花<rt>はな</rt></ruby>が<ruby>咲<rt>さ</rt></ruby>き<ruby>始<rt>はじ</rt></ruby>めた。
시작하다	꽃이 피기 시작했다.
始める	花が咲き始めた。

<ruby>働<rt>はたら</rt></ruby>く	<ruby>遅<rt>おそ</rt></ruby>い<ruby>時間<rt>じかん</rt></ruby>まで<ruby>働<rt>はたら</rt></ruby>いている。
일하다	늦은 시간까지 일하고 있다.
働く	遅い時間まで働いている。

<ruby>増<rt>ふ</rt></ruby>える	<ruby>感染者<rt>かんせんしゃ</rt></ruby>が<ruby>増<rt>ふ</rt></ruby>えている。
늘다	감염자가 늘고 있다.
増える	感染者が増えている。

<ruby>馬<rt>うま</rt></ruby> 말 | <ruby>速<rt>はや</rt></ruby>い (동작, 속도가)빠르다 | <ruby>走<rt>はし</rt></ruby>る 달리다 | <ruby>花<rt>はな</rt></ruby> 꽃 | <ruby>咲<rt>さ</rt></ruby>き (꽃이)핌/피는 것 | <ruby>始<rt>はじ</rt></ruby>める 시작하다 | <ruby>遅<rt>おそ</rt></ruby>い 늦다 | <ruby>時間<rt>じかん</rt></ruby> 시간 | ~まで ~까지 | <ruby>働<rt>はたら</rt></ruby>く 일하다 | <ruby>感染者<rt>かんせんしゃ</rt></ruby> 감염자 | <ruby>増<rt>ふ</rt></ruby>える 늘다

✏️ 문장으로 단어를 익히고 손으로 직접 써보세요

まか **任せる** 맡기다	この仕事はあなたに任せるよ。
	이 일은 너에게 맡길게.
任せる	この仕事はあなたに任せるよ。

ま **曲がる** 돌다, 구부러지다	街角を曲がると銀行があります。
	길모퉁이를 돌면 은행이 있습니다.
曲がる	街角を曲がると銀行があります。

まち が **間違える** 잘못하다, 잘못 알다	計算を間違えた。
	계산을 잘못했다.
間違える	計算を間違えた。

まも **守る** 지키다	礼儀を守ってください。
	예의를 지켜주세요.
守る	礼儀を守ってください。

この 이 | 仕事 일 | あなた 당신/귀하 | 任せる 맡기다 | 街角 길모퉁이 | 曲がる 돌다/구부러지다 | 銀行 은행 | 計算 계산 | 間違える 잘못하다/잘못 알다 | 礼儀 예의 | 守る 지키다

ま행~わ행 단어 쓰기

✎ 문장으로 단어를 익히고 손으로 직접 써보세요

まよ 迷う	せんたく まよ 選択できずに迷っている。
헤매다, 망설이다	선택을 못하고 망설이고 있다.
迷う	選択できずに迷っている。

み 見える	くわ み み 詳しく見るとよく見える。
보이다	자세히 보면 잘 보인다.
見える	詳しく見るとよく見える。

みが 磨く	くつ みが 靴をきれいに磨いた。
닦다, 연마하다	구두를 깨끗하게 닦았다.
磨く	靴をきれいに磨いた。

み 見せる	あたら か ともだち み 新しく買ったかばんを友達に見せた。
보여주다, 내보이다	새로 산 가방을 친구에게 보여주었다.
見せる	新しく買ったかばんを友達に見せた。

せんたく
選択 선택 | まよ
迷う 헤매다/망설이다 | くわ
詳しい 자세하다/상세하다 | み
見る 보다 | よく 잘/
자주 | み
見える 보이다 | くつ
靴 구두 | みが
磨く 닦다/연마하다 | あたら
新しい 새롭다 | か
買う 사다 |
かばん 가방 | ともだち
友達 친구 | み
見せる 보여주다/내보이다/나타내다

171

ま행~わ행 단어 쓰기

✏️ **문장으로 단어를 익히고 손으로 직접 써보세요**

見付かる 들키다, 찾게 되다	なくしたイヤリングが見付かった。 잃어버린 귀걸이를 찾게 되었다.
見付かる	なくしたイヤリングが見付かった。

迎える 맞다, 맞이하다	結婚記念日を迎えて旅行に来た。 결혼기념일을 맞이해서 여행을 왔다.
迎える	結婚記念日を迎えて旅行に来た。

目指す 지향하다, 목표로 하다	10億の売り出しを目指す。 10억 매출을 목표로 하다.
目指す	10億の売り出しを目指す。

目立つ 눈에 띄다	赤い表示板が目立つ。 빨간 표지판이 눈에 띈다.
目立つ	赤い表示板が目立つ。

なくす 잃다/없애다 | イヤリング 귀걸이 | 見付かる 들키다/찾게 되다 | 結婚記念日
결혼기념일 | 迎える 맞다/맞이하다 | 旅行 여행 | 来る 오다 | 10億 10억 | 売り出し
매출 | 目指す 지향하다/목표로 하다 | 赤い 빨갛다 | 表示板 표지판 | 目立つ 눈에 띄다

172

ま행~わ행 단어 쓰기

✏️ 문장으로 단어를 익히고 손으로 직접 써보세요

も **燃える** 타다	か じ いえ も だ 火事で家が燃え出した。 화재로 집이 타기 시작했다.
燃える	火事で家が燃え出した。

もと **求める** 구하다, 요구하다	しょく もと 職を求めている。 일자리를 구하고 있다.
求める	職を求めている。

もど **戻る** 되돌아가다, 되돌아오다	かのじょ もど 彼女はすぐ戻る。 그녀는 금방 돌아온다.
戻る	彼女はすぐ戻る。

や **焼く** 태우다, 굽다	にく や 肉をおいしく焼いた。 고기를 맛있게 구웠다.
焼く	肉をおいしく焼いた。

か じ   いえ   も だ   しょく   もと
火事 화재 | 家 집 | 燃え出す 타오르기 시작하다 | 職 직업/일자리 | 求める 구하다/요
          かのじょ   もど   にく
구하다 | 彼女 그녀 | すぐ 곧/즉시 | 戻る 되돌아가다/되돌아오다 | 肉 고기 | おいしい
      や
맛있다 | 焼く 태우다/굽다

✏️ 문장으로 단어를 익히고 손으로 직접 써보세요

止む _や 멎다, 그치다	ついに雨が止んだ。 드디어 비가 그쳤다.
止む	ついに雨が止んだ。

揺れる _ゆ 흔들리다	地震で家が揺れる。 지진으로 집이 흔들린다.
揺れる	地震で家が揺れる。

喜ぶ _{よろこ} 기뻐하다	合格通知書を受けて喜んだ。 합격통지서를 받고 기뻐했다.
喜ぶ	合格通知書を受けて喜んだ。

忘れる _{わす} 잊다	過去はすべて忘れた。 과거는 모두 잊었다.
忘れる	過去はすべて忘れた。

ついに 드디어/마침내/결국 | 雨 비 | 止む 멎다/그치다 | 地震 지진 | 家 집 | 揺れる 흔들리다 | 合格 합격 | 通知書 통지서 | 受ける 받다 | 喜ぶ 기뻐하다 | 過去 과거 | すべて 전부/모두/모조리 | 忘れる 잊다

✏️ **문장으로 단어를 익히고 손으로 직접 써보세요**

<ruby>売<rt>う</rt></ruby>り<ruby>切<rt>き</rt></ruby>れる	<ruby>今日<rt>きょう</rt></ruby>はギョーザが<ruby>売<rt>う</rt></ruby>り<ruby>切<rt>き</rt></ruby>れた。
다 팔리다, 매진되다	오늘은 만두가 다 팔렸다.
売り切れる	今日はギョーザが売り切れた。

<ruby>思<rt>おも</rt></ruby>い<ruby>出<rt>だ</rt></ruby>す	たまには<ruby>亡<rt>な</rt></ruby>くなった<ruby>父<rt>ちち</rt></ruby>が<ruby>思<rt>おも</rt></ruby>い<ruby>出<rt>だ</rt></ruby>される。
생각나다, 생각해 내다	가끔은 돌아가신 아빠가 생각난다.
思い出す	たまには亡くなった父が思い出される。

<ruby>気<rt>き</rt></ruby>に<ruby>入<rt>い</rt></ruby>る	このアパートが<ruby>気<rt>き</rt></ruby>に<ruby>入<rt>い</rt></ruby>った。
마음에 들다	이 아파트가 마음에 들었다.
気に入る	このアパートが気に入った。

<ruby>繰<rt>く</rt></ruby>り<ruby>返<rt>かえ</rt></ruby>す	<ruby>発音<rt>はつおん</rt></ruby>の<ruby>練習<rt>れんしゅう</rt></ruby>を<ruby>繰<rt>く</rt></ruby>り<ruby>返<rt>かえ</rt></ruby>している。
반복하다, 되풀이하다	발음 연습을 반복하고 있다.
繰り返す	発音の練習を繰り返している。

<ruby>今日<rt>きょう</rt></ruby> 오늘 | ギョーザ 만두 | <ruby>売<rt>う</rt></ruby>り<ruby>切<rt>き</rt></ruby>れる 다 팔리다/매진되다 | たまに 가끔 | <ruby>亡<rt>な</rt></ruby>くなる 죽다/돌아가다 | <ruby>父<rt>ちち</rt></ruby> 아빠 | <ruby>思<rt>おも</rt></ruby>い<ruby>出<rt>だ</rt></ruby>す 생각나다/생각해 내다 | アパート 아파트 | <ruby>気<rt>き</rt></ruby>に<ruby>入<rt>い</rt></ruby>る 마음에 들다 | <ruby>発音<rt>はつおん</rt></ruby> 발음 | <ruby>練習<rt>れんしゅう</rt></ruby> 연습 | <ruby>繰<rt>く</rt></ruby>り<ruby>返<rt>かえ</rt></ruby>す 반복하다/되풀이하다

복합동사 단어 쓰기

✎⚡ 문장으로 단어를 익히고 손으로 직접 써보세요

つ あ **付き合う** 사귀다	**かのじょ がくせい じ だい つ あ** 彼女とは学生時代付き合っていた。 그녀와는 학생 시절 사귀고 있었다.
付き合う	彼女とは学生時代付き合っていた。

で き あ **出来上がる** 다 되다, 완성되다	**さくひん で き あ** 作品が出来上がった。 작품이 완성되었다.
出来上がる	作品が出来上がった。

て い **手に入れる** 손에 넣다	**しょうこ しりょう て い** 証拠資料を手に入れた。 증거자료를 손에 넣었다.
手に入れる	証拠資料を手に入れた。

と あ **問い合わせる** 조회하다, 문의하다	**はんばいさき と あ** 販売先に問い合わせる。 판매처에 문의하다.
問い合わせる	販売先に問い合わせる。

かのじょ　　　　　がくせい じ だい　　　　　　　　　 つ　 あ　　　　　　 さくひん　　　　　　で き あ
彼女 그녀 | 学生時代 학생시절/학창시절 | 付き合う 사귀다 | 作品 작품 | 出来上が
　　　　　　　　　　 しょうこ　　　　　 しりょう　　　　　　 て い　　　　　　　　　　　 はんばいさき
る 다 되다/완성되다 | 証拠 증거 | 資料 자료 | 手に入れる 손에 넣다 | 販売先 판매처
　 と あ
| 問い合わせる 조회하다/문의하다

176

복합동사 단어 쓰기

✎ 문장으로 단어를 익히고 손으로 직접 써보세요

と こ 飛び込む	かいすい と こ 海水に飛び込んだ。
뛰어들다	바닷물에 뛰어들었다.
飛び込む	海水に飛び込んだ。

と だ 飛び出す	こども はんこう いえ と だ 子供は反抗して家を飛び出した。
뛰어나가다, 뛰쳐나가다	아이는 반항하며 집을 뛰쳐나갔다.
飛び出す	子供は反抗して家を飛び出した。

と け 取り消す	よやく と け ホテルの予約を取り消したいです。
취소하다	호텔 예약을 취소하고 싶습니다.
取り消す	ホテルの予約を取り消したいです。

の か 乗り換える	ちかてつ の か 地下鉄からバスに乗り換えなければならない。
갈아타다	지하철에서 버스로 갈아타야 한다.
乗り換える	地下鉄からバスに乗り換えなければならない。

かいすい と こ こども はんこう いえ と だ
海水 바닷물 | 飛び込む 뛰어들다 | 子供 아이 | 反抗 반항 | 家 집 | 飛び出す 뛰어

よやく と け ちかてつ
나가다/뛰쳐나가다 | ホテル 호텔 | 予約 예약 | 取り消す 취소하다 | 地下鉄 지하철 |

の か
~から ~부터/~에서 | バス 버스 | 乗り換える 갈아타다

177

복합동사 단어 쓰기

✎ 문장으로 단어를 익히고 손으로 직접 써보세요

はな あ 話し合う	なや かぞく はな あ 悩みは家族と話し合った。
의논하다, 서로 이야기하다	고민은 가족과 의논했다.
話し合う	悩みは家族と話し合った。

ひ こ 引っ越す	じゅういちがつ ひ こ 11月に引っ越す。
이사하다	11월에 이사한다.
引っ越す	11月に引っ越す。

む あ 向き合う	かれ む あ 彼と向き合うようになった。
마주 보다	그와 마주 보게 되었다.
向き合う	彼と向き合うようになった。

もう こ 申し込む	さん か もう こ マラソン参加に申し込んだ。
신청하다	마라톤 참가에 신청했다.
申し込む	マラソン参加に申し込んだ。

なや 　　　 かぞく 　 はな あ 　　　　　　　　　　　 ひ こ
悩み 고민/괴로움/걱정 ┃ 家族 가족 ┃ 話し合う 의논하다/서로 이야기하다 ┃ 引っ越す
　　　 かれ 　 む あ 　　　　　　　　　　 さん か 　　　 もう こ
이사하다 ┃ 彼 그 ┃ 向き合う 마주 보다 ┃ マラソン 마라톤 ┃ 参加 참가 ┃ 申し込む

신청하다

Part 5.

부사 · 접속사

DAY 35 부사 단어 쓰기

✏️ 문장으로 단어를 익히고 손으로 직접 써보세요

相変わらず (あいか)	私は相変わらず彼を愛している。 (わたし) (あいか) (かれ) (あい)
여전히, 변함없이	나는 여전히 그를 사랑한다.
相変わらず	私は相変わらず彼を愛している。

あまり	チキンはあまり好きじゃない。 (す)
별로, 그다지, 나머지	치킨은 별로 좋아하지 않아.
あまり	チキンはあまり好きじゃない。

いつか	いつかまた会うだろう。 (あ)
언젠가	언젠가 다시 만나겠지.
いつか	いつかまた会うだろう。

一斉に (いっせい)	一斉に席を立った。 (いっせい) (せき) (た)
일제히	일제히 자리에서 일어났다.
一斉に	一斉に席を立った。

私 나/저 | 相変わらず 여전히/변함없이 | 彼 그 | 愛 사랑 | チキン 치킨 | あまり 별로/그다지/나머지 | 好きだ 좋아하다 | いつか 언젠가 | また 또/다시 | 会う 만나다 | 一斉に 일제히 | 席を立つ 자리를 뜨다

181

부사 단어 쓰기

✏️ **문장으로 단어를 익히고 손으로 직접 써보세요**

いったい 도대체, 본래	いったい何が間違っているんだ。 도대체 뭐가 잘못된 거야.
いったい	いったい何が間違っているんだ。

うっかり 깜박, 무심코	うっかり寝入った。 깜박 잠이 들었다.
うっかり	うっかり寝入った。

恐らく 아마, 틀림없이	恐らく雪が降るだろう。 아마 눈이 올 거야.
恐らく	恐らく雪が降るだろう。

必ず 반드시, 꼭, 틀림없이	必ず成功する。 반드시 성공할 거야.
必ず	必ず成功する。

いったい 도대체/본래 | 何 무엇 | 間違う 잘못되다 | うっかり 깜박/무심코 | 寝入る 잠들다 | 恐らく 아마/틀림없이 | 雪 눈 | 降る (눈·비 등이)내리다 | 必ず 반드시/꼭/틀림없이 | 成功 성공 | する 하다

부사 단어 쓰기

✎ 문장으로 단어를 익히고 손으로 직접 써보세요

かなり	食(た)べ物(もの)の量(りょう)がかなり多(おお)い。
꽤, 상당히	음식 양이 꽤 많다.
かなり	食べ物の量がかなり多い。

ぎっしり	冷蔵庫(れいぞうこ)に飲(の)み物(もの)がぎっしり詰(つ)まっている。
가득, 꽉	냉장고에 음료가 가득 차 있다.
ぎっしり	冷蔵庫に飲み物がぎっしり詰まっている。

偶然(ぐうぜん)	スペインで偶然(ぐうぜん)友達(ともだち)に会(あ)った。
우연히, 뜻밖에	스페인에서 우연히 친구를 만났다.
偶然	スペインで偶然友達に会った。

ごろごろ	ごろごろ遊(あそ)んでいる。
데굴데굴, 빈둥빈둥	빈둥빈둥 놀고 있다.
ごろごろ	ごろごろ遊んでいる。

食(た)べ物(もの) 음식 | 量(りょう) 양 | かなり 꽤/상당히 | 多(おお)い 많다 | 冷蔵庫(れいぞうこ) 냉장고 | 飲(の)み物(もの) 음료
| ぎっしり 가득/꽉 | 詰(つ)まる 가득 차다/가득 쌓이다 | スペイン 스페인 | 偶然(ぐうぜん) 우연히/뜻밖에 | 友達(ともだち) 친구 | 会(あ)う 만나다 | ごろごろ 데굴데굴/빈둥빈둥 | 遊(あそ)ぶ 놀다

부사 단어 쓰기

✏️ 문장으로 단어를 익히고 손으로 직접 써보세요

さっき 아까, 조금 전	さっきからうるさかった。 아까부터 시끄러웠다.
さっき	さっきからうるさかった。

ざっと 대충, 대강	ざっと見ても分かる。 대충 봐도 알 수 있다.
ざっと	ざっと見ても分かる。

直に 직접, 바로	直に聞いた話です。 직접 들은 이야기입니다.
直に	直に聞いた話です。

実は 실은, 사실은	実はそうではありません。 사실은 그렇지 않습니다.
実は	実はそうではありません。

さっき 아까/조금 전 | ~から ~부터/~에서 | うるさい 시끄럽다 | ざっと 대충/대강
見る 보다 | 分かる 알다 | 直に 직접/바로 | 聞く 듣다 | 話 이야기 | 実は 실은/사실은

부사 단어 쓰기

✏️ 문장으로 단어를 익히고 손으로 직접 써보세요

しばらく	仕事をしばらく休みます。
잠시, 당분간	일을 잠시 쉽니다.
しばらく	仕事をしばらく休みます。

ずいぶん	ずいぶん寒い日だ。
몹시, 매우, 아무쪼록	몹시 추운 날이다.
ずいぶん	ずいぶん寒い日だ。

すぐに	すぐに帰ってくるよ。
곧, 금방, 바로	금방 돌아올게.
すぐに	すぐに帰ってくるよ。

ずっと	彼とずっと一緒だった。
쭉, 훨씬, 줄곧	그와 쭉 함께 있었다.
ずっと	彼とずっと一緒だった。

仕事 일 | しばらく 잠시/당분간 | 休む 쉬다 | ずいぶん 몹시/매우/아무쪼록 | 寒い 춥다 | 日 날 | すぐに 곧/금방/바로 | 帰る 돌아오다/돌아가다 | くる 오다 | 彼 그 | ずっと 쭉/훨씬/줄곧 | 一緒 함께 함

DAY 36 접속사 단어 쓰기

700/1024

✏️ **문장으로 단어를 익히고 손으로 직접 써보세요**

さらに 더욱더, 그 위에, 게다가	さらに慎重^{しんちょう}にならなければならない。 더욱더 신중해야 한다.
さらに	さらに慎重にならなければならない。

しかし 그러나	約束^{やくそく}の時間^{じかん}が過^すぎた。しかし、彼女^{かのじょ}は来^きていない。 약속 시간이 지났다. 그러나 그녀는 오지 않고 있다.
しかし	約束の時間が過ぎた。しかし、彼女は来ていない。

そして 그리고, 그리고 나서	ごはんを食^たべた。そしてシャワーを浴^あびた。 밥을 먹었다. 그리고 샤워를 했다.
そして	ごはんを食べた。そしてシャワーを浴びた。

それから 그리고, 그리고 나서	歯磨^{はみが}きをします。それから顔^{かお}を洗^{あら}います。 양치질을 합니다. 그리고 나서 세수를 합니다.
それから	歯磨きをします。それから顔を洗います。

さらに 더욱더/그 위에/게다가 | 慎重^{しんちょう} 신중 | 約束^{やくそく} 약속 | 時間^{じかん} 시간 | 過^すぎる 지나다 | しかし 그러나 | ごはん 밥 | 食^たべる 먹다 | そして 그리고/그리고 나서 | シャワーを浴^あびる 샤워를 하다 | 歯磨^{はみが}き 양치질 | それから 그리고/그리고 나서 | 顔^{かお}を洗^{あら}う 세수를 하다

접속사 단어 쓰기

✏️ 문장으로 단어를 익히고 손으로 직접 써보세요

それで	お金がない。それで飢えた。
그래서	돈이 없다. 그래서 굶었다.
それで	お金がない。それで飢えた。

それでも	ご飯をたくさん食べた。それでもお腹が空く。
그런데도	밥을 많이 먹었다. 그런데도 배가 고프다.
それでも	ご飯をたくさん食べた。それでもお腹が空く。

それでは	それではこうするのはどうでしょうか。
그럼, 그러면	그럼 이렇게 하는 게 어떨까요?
それでは	それではこうするのはどうでしょうか。

それとも	お金が好き? それとも名誉が好き？
아니면, 그렇지 않으면	돈이 좋아? 아니면 명예가 좋아?
それとも	お金が好き? それとも名誉が好き？

お金 돈/금전 | それで 그래서 | 飢える 굶다 | ご飯 밥 | たくさん 많음 | 食べる 먹다 | それでも 그런데도/그럼에도 불구하고 | お腹が空く 배가 고프다 | それでは 그럼/그러면 | する 하다 | 好き 좋아함 | それとも 아니면/그렇지 않으면 | 名誉 명예

접속사 단어 쓰기

✏️ 문장으로 단어를 익히고 손으로 직접 써보세요

それなのに	体重が減った。それなのに体脂肪は減っていない。
그런데도	몸무게가 줄었다. 그런데도 체지방은 줄지 않았다.
それなのに	体重が減った。それなのに体脂肪は減っていない。

それに	この店の店員は親切だ。それに味もいい。
게다가	이 가게의 점원은 친절하다. 게다가 맛도 좋다.
それに	この店の店員は親切だ。それに味もいい。

だから	この化粧品、いいよ。だからあなたも使ってみて。
그래서, 그러니까	이 화장품 좋아. 그러니까 너도 써봐.
だから	この化粧品、いいよ。だからあなたも使ってみて。

ただし	休暇はありますがただし、無給です。
단, 다만	휴가는 있지만 다만 무급입니다.
ただし	休暇はありますがただし、無給です。

体重 몸무게 | 減る 줄다 | それなのに 그런데도 | 体脂肪 체지방 | 店 가게 | 店員 점원 | 親切だ 친절하다 | それに 게다가 | 味 맛 | 化粧品 화장품 | だから 그래서/그러니까 | あなた 당신 | 使う 사용하다 | 休暇 휴가 | ただし 단/다만 | 無給 무급

접속사 단어 쓰기

✎ 문장으로 단어를 익히고 손으로 직접 써보세요

つまり	つまり、同じことだ。
결국, 즉, 요컨대	즉, 같은 말이야.
つまり	つまり、同じことだ。

でも	仕事が多い。でも働くのは楽しい。
그래도, 그렇더라도	일이 많다. 그래도 일하는 것은 즐겁다.
でも	仕事が多い。でも働くのは楽しい。

ところで	ところでここはどこですか。
그런데, 그건 그렇고	그건 그렇고 여기는 어디입니까?
ところで	ところでここはどこですか。

なぜなら	私は冬が嫌いだ。なぜなら、寒いからだ。
왜냐하면	나는 겨울이 싫다. 왜냐하면 춥기 때문이다.
なぜなら	私は冬が嫌いだ。なぜなら、寒いからだ。

つまり 결국/즉/요컨대 | 同じ 같다 | 仕事 일 | 多い 많다 | でも 그래도/그렇더라도/하지
만 | 働く 일을 하다 | 楽しい 즐겁다 | ところで 그런데/그건 그렇고 | ここ 여기/이곳 |
どこ 어디 | 私 나/저 | 冬 겨울 | 嫌いだ 싫어하다 | なぜなら 왜냐하면 | 寒い 춥다

접속사 단어 쓰기

✏️ 문장으로 단어를 익히고 손으로 직접 써보세요

ところが	ところが考えは違うこともある。
그런데, 그러나	그런데 생각은 다를 수도 있다.
ところが	ところが考えは違うこともある。

したがって	明日の会議は延期になった。したがって、会議室を予約する必要はない。
따라서, 그러므로	내일 회의는 연기되었다. 따라서 회의실을 예약할 필요는 없다.
したがって	明日の会議は延期になった。したがって、会議室を予約する必要はない。

また	これもまた作品だ。
또한, 게다가	이것 또한 작품이다.
また	これもまた作品だ。

または	オンラインまたはオフラインで行われます。
또는, 혹은	온라인 또는 오프라인에서 진행됩니다.
または	オンラインまたはオフラインで行われます。

ところが 그런데/그러나 | 考え 생각 | 違う 다르다 | 明日 내일 | 会議 회의 | 延期 연기 | したがって 따라서/그러므로 | 会議室 회의실 | 予約 예약 | 必要 필요 | これ 이것 | また 또한/게다가 | 作品 작품 | オンライン 온라인 | または 또는/혹은 | オフライン 오프라인 | 行われる 행하여지다/실행되다/실시되다

플러스 단어

324

플러스 단어 쓰기

✎ 단어와 읽는 법, 의미를 손으로 직접 써보세요

いし **石** 돌		いわ **祝い** 축하	
うで **腕** 팔, 솜씨		おく **億** 억	
おび **帯** 띠		つ **お釣り** 거스름 돈	
おく もの **贈り物** 선물		て あら **お手洗い** 화장실	
おと もの **落し物** 분실물		おとな **大人** 어른, 성인	
かい **貝** 조개		かず **数** 수	
かた **肩** 어깨		きず **傷** 상처	
こし **腰** 허리		が まん **我慢** 참음, 견딤	
き もの **着物** 옷, 일본 옷		くみあい **組合** 조합	
く ふう **工夫** 궁리, 고안		こと ば **言葉** 말, 언어	

플러스 단어 쓰기

✎ 단어와 읽는 법, 의미를 손으로 직접 써보세요

さか 坂 고갯길, 비탈(길)		しるし 印 표, 상징, 표시	
すがた 姿 몸매, 모습, 모양		すみ 角 모퉁이, 구석	
そこ 底 바닥, 끝, 속		し あ 知り合い 서로 앎, 지인	
し あい 試合 시합		せ びろ 背広 신사복	
たて 縦 세로		どろ 泥 진흙	
たが 互い 서로, 상방, 상호		て ま 手間 품, 수고, 노력	
て まえ 手前 자기 앞, 바로 앞		で むか 出迎え 마중	
て もと 手元 주변, 곁		とこ や 床屋 이발소, 이발사	
どろぼう 泥棒 도둑		なか 仲 사이, 관계	
なか 半ば 절반, 중앙, 중간		なか み 中身 내용물, 알맹이	

플러스 단어 쓰기

✎ 단어와 읽는 법, 의미를 손으로 직접 써보세요

はし 橋		はね 羽	
다리		깃, 날개	
はば 幅		ひげ 髭	
폭		수염	
ば あい 場合		ば しょ 場所	
경우		장소	
ば めん 場面		みずうみ 湖	
장면		호수	
むかし 昔		りょう 量	
옛날		양	
れつ 列		まい ご 迷子	
열, 줄, 등급		미아	
まどぐち 窓口		も じ 文字	
창구		문자	
ものがた 物語り		もみ じ 紅葉	
이야기		단풍	
ゆうがた 夕方		い がい 以外	
해질녘, 저녁때		이의, 이외	
い がく 医学		い し 意志	
의학		의지, 의사, 뜻	

195

플러스 단어 쓰기

✎ 단어와 읽는 법, 의미를 손으로 직접 써보세요

い てん **移転** 이전		**いんさつ** **印刷** 인쇄	
いんしょう **印象** 인상		**えん き** **延期** 연기	
えんちょう **延長** 연장		**おうえん** **応援** 응원	
おうよう **応用** 응용		**か こ** **過去** 과거	
か じ **火事** 화재		**か ち** **価値** 가치	
か てい **過程** 과정		**かいがん** **海岸** 해안	
かいしゅう **回収** 회수		**かいふく** **回復** 회복	
かつよう **活用** 활용		**がっ き** **楽器** 악기	
かんそう **感想** 감상		**かんげい** **歓迎** 환영	
かんこう **観光** 관광		**かんさつ** **観察** 관찰	

플러스 단어 쓰기

✏️ 단어와 읽는 법, 의미를 손으로 직접 써보세요

かんせい 完成		き のう 機能	
완성		기능	
き ほん 基本		ぎ む 義務	
기본		의무	
ぎ もん 疑問		きゅうそく 休息	
의문		휴식	
きゅうりょう 給料		きょうじゅ 教授	
급여		교수	
きょうどう 共同		きんちょう 緊張	
공동		긴장	
げ か 外科		けい き 景気	
외과		경기	
けいざい 経済		けいこう 傾向	
경제		경향	
げいじゅつ 芸術		けつあつ 血圧	
예술		혈압	
けっ か 結果		けんとう 検討	
결과		검토	
けんぶつ 見物		ごうけい 合計	
구경		합계	

플러스 단어 쓰기

✎ 단어와 읽는 법, 의미를 손으로 직접 써보세요

こう し 講師 강사		こうくう 航空 항공	
こうふく 幸福 행복		こく ご 国語 국어	
こくみん 国民 국민		こっ か 国家 국가	
こんらん 混乱 혼란		さ ぎょう 作業 작업	
さいしん 最新 최신		さいそく 催促 재촉	
さんこう 参考 참고		さんせい 賛成 찬성	
し げき 刺激 자극		し げん 資源 자원	
し てん 支店 지점		し はい 支配 지배	
し みん 市民 시민		し めい 氏名 성명	
し よう 使用 사용		じ てん 辞典 사전	

플러스 단어 쓰기

✏️ 단어와 읽는 법, 의미를 손으로 직접 써보세요

자유		실업	
じゆう **自由** 자유		しつぎょう **失業** 실업	
しっけ **湿気** 습기		じっこう **実行** 실행	
じっさい **実際** 실제		しゅちょう **主張** 주장	
しゅふ **主婦** 주부		じゅけん **受験** 수험	
しゅうきょう **宗教** 종교		しゅうごう **集合** 집합	
しゅうしょく **就職** 취직		しゅうせい **修正** 수정	
じゅんばん **順番** 순번, 차례		しょうがつ **正月** 정월, 설	
しょうめん **正面** 정면		しょうめい **証明** 증명	
じょうしゃ **乗車** 승차		しんだん **診断** 진단	
しんちょう **身長** 신장, 키		じんぶつ **人物** 인물	

플러스 단어 쓰기

✎ 단어와 읽는 법, 의미를 손으로 직접 써보세요

じんるい 人類		すいへい 水平	
인류		수평	
すう じ 数字		せいかく 性格	
숫자		성격	
せいさん 生産		ぜいきん 税金	
생산		세금	
せいふく 制服		せい ふ 政府	
제복		정부	
せいよう 西洋		せきにん 責任	
서양		책임	
せき ゆ 石油		せっきん 接近	
석유		접근	
ぜんいん 全員		ぜんたい 全体	
전원		전체	
ぞう か 増加		たいりつ 対立	
증가		대립	
たいよう 太陽		たいりく 大陸	
태양		대륙	
たいりょう 大量		たいりょく 体力	
대량		체력	

플러스 단어 쓰기

✏️ 단어와 읽는 법, 의미를 손으로 직접 써보세요

だいひょう **代表** 대표		たんしょ **短所** 단점, 결점	
たんにん **担任** 담임		ち ほう **地方** 지방	
ち り **地理** 지리		つう か **通貨** 통화	
つうきん **通勤** 통근		てい か **低下** 저하	
てつ や **徹夜** 철야		てんかい **展開** 전개	
と ちゅう **途中** 도중		どういつ **同一** 동일	
どう ぐ **道具** 도구		どう さ **動作** 동작	
とくちょう **特徴** 특징		にち じ **日時** 일시	
ねっちゅう **熱中** 열중		のうりつ **能率** 능률	
はいゆう **俳優** 배우		ばくはつ **爆発** 폭발	

플러스 단어 쓰기

✎ 단어와 읽는 법, 의미를 손으로 직접 써보세요

はつばい **発売** 발매		はんせい **反省** 반성	
はんざい **犯罪** 범죄		はんにん **犯人** 범인	
はんだん **判断** 판단		ぶんるい **分類** 분류	
へいきん **平均** 평균		へいわ **平和** 평화	
ほぞん **保存** 보존		ほうそう **放送** 방송	
ほうこう **方向** 방향		ほうこく **報告** 보고	
ほうりつ **法律** 법률		ほうもん **訪問** 방문	
ほんじつ **本日** 금일, 오늘		まんいん **満員** 만원	
みりょく **魅力** 매력		やかん **夜間** 야간	
ゆしゅつ **輸出** 수출		ゆうしょう **優勝** 우승	

플러스 단어 쓰기

✎ 단어와 읽는 법, 의미를 손으로 직접 써보세요

ゆうじょう 友情 우정		ゆうじん 友人 친구	
よてい 予定 예정		よび 予備 예비	
ようそ 要素 요소		ようりょう 要領 요령	
りえき 利益 이익		れんらく 連絡 연락	
ろんぶん 論文 논문		あたら 新しい 새롭다	
あら 荒い 거칠다		おお 多い 많다	
かしこ 賢い 현명하다, 영리하다		かた 固い 단단하다, 견고하다	
かゆ 痒い 가렵다		きつい 강하다, 심하다, 엄하다	
きよ 清い 깨끗하다		くさ 臭い 수상하다, 역한 냄새가 나다	
くや 悔しい 분하다, 억울하다		あんがい 案外 뜻밖에, 의외로	

203

플러스 단어 쓰기

✏️ 단어와 읽는 법, 의미를 손으로 직접 써보세요

以外 いがい 의외임		穏やか おだ 평온함, 온화함	
温暖 おんだん 온난함		勝手 かって 제멋대로 굶, 자기 좋을 대로 함	
完全 かんぜん 완전함		逆 ぎゃく 반대임, 거꾸로임	
急速 きゅうそく 급속함		けち 인색함, 초라함, 비열함	
幸い さいわ 행복함		楽しみ たの 즐거움, 낙	
駄目 だめ 허사임, 안 된다		直接 ちょくせつ 직접	
手頃 てごろ 알맞음, 적당함		同様 どうよう 같음	
のんき 낙관적이고 느긋함		非常 ひじょう 비상	
皮肉 ひにく 얄궂음		平気 へいき 태연함, 예사로움	
豊富 ほうふ 풍부함		無駄 むだ 보람이 없음, 헛됨	

플러스 단어 쓰기

✎ 단어와 읽는 법, 의미를 손으로 직접 써보세요

夢中 (む ちゅう) 열중함, 몰두함		**迷惑** (めいわく) 폐, 귀찮음, 성가심	
容易 (よう い) 용이함, 손쉬움		**余計** (よ けい) 물건이 남는 모양, 부질없음	
楽 (らく) 편안함, 안락함		**立派** (りっ ぱ) 훌륭함, 뛰어남, 충분함	
冷静 (れいせい) 냉정함		**わがまま** 제멋대로 굶, 버릇없음	
開く (あ) 열리다		**憧れる** (あこが) 그리워하다, 동경하다	
味わう (あじ) 맛보다		**置く** (お) 놓다, 두다	
起こす (お) 일으키다, 깨우다		**怒る** (おこ) 화내다, 꾸짖다	
踊る (おど) 춤추다		**驚く** (おどろ) 놀라다	
溺れる (おぼ) 빠지다		**終わる** (お) 끝나다	
変える (か) 바꾸다		**輝く** (かがや) 빛나다, 반짝이다	

플러스 단어 쓰기

✎ 단어와 읽는 법, 의미를 손으로 직접 써보세요

かく **隠す** 감추다, 숨기다		かこ **囲む** 둘러싸다	
かな **悲しむ** 슬퍼하다		か **噛む** 물다, 씹다	
くる **苦しむ** 괴로워하다		こ **超える** (기준을)넘다	
こと **異なる** 다르다		この **好む** 좋아하다, 즐기다	
ささ **支える** 떠받치다, 지탱하다		さそ **誘う** 꾀다, 권유하다, 유혹하다	
しま **仕舞う** 끝내다, 닫다, 치우다		しめ **示す** (나타내)보이다, 가리키다	
しゃべ **喋る** 말하다, 수다 떨다		す **捨てる** 버리다	
すべ **滑る** 미끄러지다		す **済む** 끝나다, 해결되다	
すわ **座る** 앉다		そだ **育てる** 기르다, 키우다	
つ **連れる** 데리고 오다(가다)		で **出かける** 나가다	

플러스 단어 쓰기

✎ 단어와 읽는 법, 의미를 손으로 직접 써보세요

とお **通る** 지나다, 통하다		とど **届ける** 보내다, 전하다	
はか **計る** 달다, 재다		はら **払う** 돈을 치르다	
は **貼る** 바르다, 붙이다		は **晴れる** 맑다, 개다	
ひ **冷える** 식다, 차가워지다		ひか **光る** 빛나다	
ふ **吹く** 불다		ふと **太る** 살찌다	
ふ **踏む** 밟다		へ **減る** 줄다	
ま ね **真似る** 흉내 내다, 모방하다		まわ **回す** 돌리다	
む **向く** 향하다		ゆる **許す** 허가하다, 허락하다	
わ **分かれる** 갈리다, 나뉘다		わた **渡す** 건네다, 넘기다	
わら **笑う** 웃다		わ **割れる** 깨지다	

플러스 단어 쓰기

✏️ 단어와 읽는 법, 의미를 손으로 직접 써보세요

いっそう **一層** 한층 더, 더욱		**さすが** 역시, 과연	
さっぱり 산뜻한, 시원히, 깔끔히		**じっと** 가만히, 꼼짝 않고	
じつ **実に** 실로, 참으로		すこ **少しも** 조금도, 전혀	
すっかり 완전히, 아주, 죄다, 몽땅		**ずっと** 훨씬, 줄곧	
すべて 전부, 모두		ぜったい **絶対に** 절대로	
ぜひ 꼭, 반드시		**それほど** 그렇게, 그만큼, 그다지	
そろそろ 천천히, 이제 슬슬		だいたい **大体** 대개, 대충, 도대체	
だいぶ 상당히, 꽤		**ただいま** 방금, 지금 막, 조금 전	
たまに 모처럼, 간혹		**もっとも** 조금도, 전혀	
ですから 그러므로, 그러니, 그래서		**どうして** 어떻게, 왜	

208

플러스 단어 쓰기

✎ 단어와 읽는 법, 의미를 손으로 직접 써보세요

どうも		どきどき	
아무래도		두근두근	
とても		とにかく	
매우, 아주, 도저히		여하튼, 어쨌든	

기적의 쓰기 학습법으로 공부하는
JLPT N3 일본어 단어 쓰기 노트

1판 1쇄 발행 2021년 1월 25일

1판 2쇄 발행 2024년 10월 25일

저　　　자　박다진

펴　낸　이　최수진

펴　낸　곳　세나북스

출 판 등 록　2015년 2월 10일 제300-2015-10호.

주　　　소　서울시 종로구 통일로 18길 9

홈 페 이 지　http://blog.naver.com/banny74

이　메　일　banny74@naver.com

전 화 번 호　02-737-6290

팩　　　스　02-6442-5438

I S B N　979-11-87316-75-6 13730